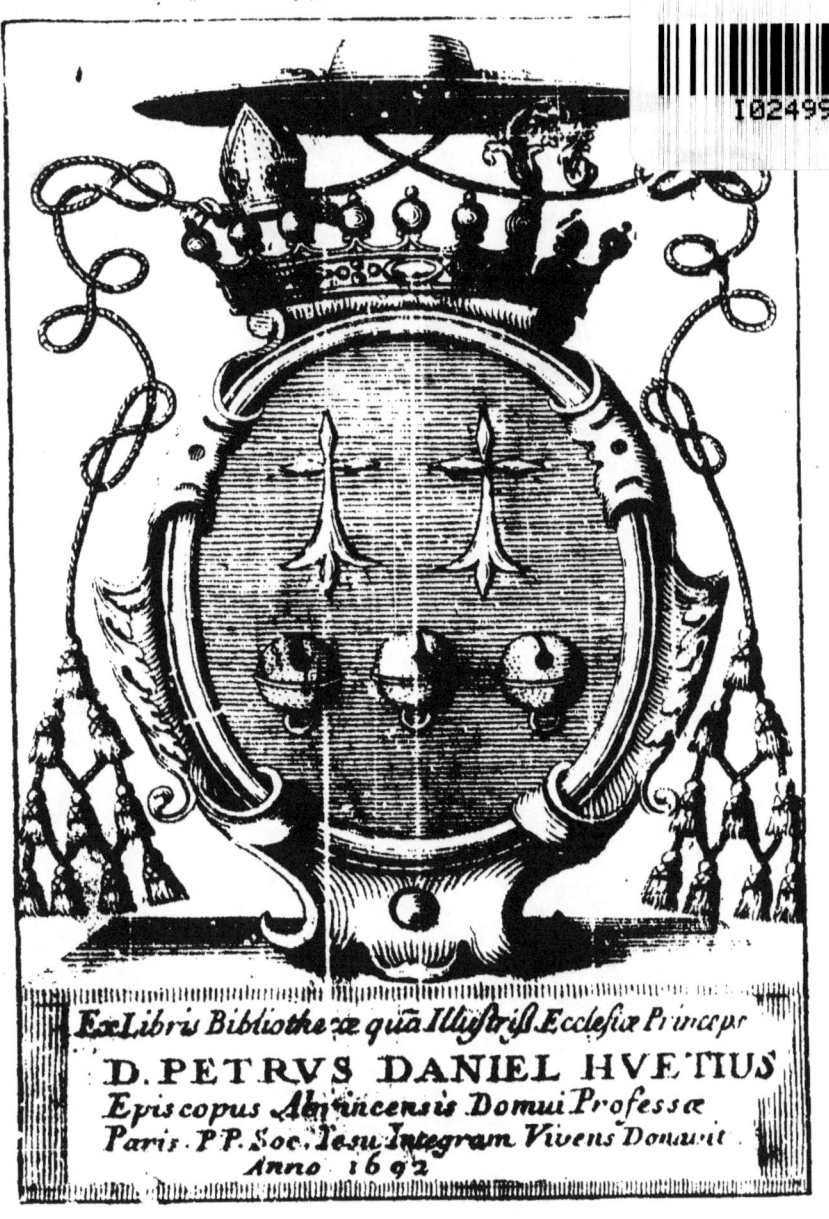

Ex Libris Bibliothecæ quā Illustriss. Ecclesiæ Princeps
D. PETRVS DANIEL HVETIUS
Episcopus Abrincensis Domui Professæ
Paris. PP. Soc. Iesu Integram Vivens Donavit
Anno 1692

LI. E

XXIX. E

O. 1807.

Domus Profess. Parif. Societ. Jesu.

MEMOIRES
DE
L'AMERIQUE
SEPTENTRIONALE,
OU LA SUITE DES VOYAGES
DE
Mr LE BARON DE LAHONTAN.

Qui contiennent la Description d'une grande étenduë de Païs de ce Continent, l'interêt des François & des Anglois, leurs Commerces, leurs Navigations, les Mœurs & les Coutumes des Sauvages, &c.

Avec un petit Dictionnaire de la Langue du Païs.

Le tout enrichi de Cartes & de Figures.

TOME SECOND. 426

P 57

A LA HAYE,
Chez les Frères l'HONORÉ, Marchand Libraires.
M. DCCIII.

Ne extra hanc Bibliothecam efferatur. Ex obedientiâ.

MEMOIRES
DE
L'AMERIQUE
SEPTENTRIONALE,
OU LA SUITE
DES VOYAGES
DE Mr. LE BARON DE LAHONTAN.

JE vous ai parlé des Colonies Angloiſes & Françoiſes, du Comerce de *Canada*, de la Naviga-tion des Fleuves & des Rivières de ce Païs-là, de celle de l'Europe dans l'*Amérique Septentrionale*, des Entrepriſes que les Anglois ont fait pour ſe rendre les Maîtres des Colonies Françoiſes, des incurſions que les François ont fait à la Nouvelle Angleterre & chez les *Iroquois*: En un mot j'ai dit tant de choſes qui juſqu'à preſent ont été cachée par raiſon

d'Etat

d'Etat ou de Politique, qu'il ne dependroit que de vous de me faire de très-mauvaises affaires à la Cour, si vous étiez capable de me sacrifier à son ressentiment par la production de mes Lettres.

Tout ce que je vous ai écrit, & tout ce que vous verrez encore dans ces Mémoires sont des veritez plus claire que le jour. Je ne flatte ni n'épargne personne. Je ne suis point partial, je loüe des gens qui ne sont pas en état de me faire du bien, & je condamne la conduite de plusieurs autres qui pourroient indirectement me faire du mal ; je n'ai point cét esprit d'interêt & de parti qui fait parler certaines gens ; je sacrifie tout à l'Amour de la verité ; je n'ai point d'autre but que celui de vous marquer les choses comme elles sont ; je n'ai diminüé ni alteré les faits contenus dans les Lettres que je vous écris depuis 11. ou 12. ans ni dans ces Mémoires. J'ai eu soin de faire des journeaux tres-particularisez pendant le cours de mes Voyages ; le detail en seroit ennuyeux pour vous, & la peine de les copier avant que de vous les envoyer demanderoit trop de tems. Vous trouverez ici dequoi vous former une idée parfaite du vaste Continent de l'Amerique Septentrionale. Je vous ai écrit vingt-cinq Lettres depuis l'année 1683. jusqu'à present, j'en garde les copies avec beaucoup de soin. Je ne me suis attaché qu'à vous mander les choses les plus essentielles pour ne pas jetter vôtre esprit dans mille embarras d'affaires extraordinaires qui sont arrivées en ce

Païs-

Païs-là. Si vous consultez mes Cartes à mesure que vous relirez les Lettres que je vous ai écrites depuis l'année 1683. vous trouverez tous les lieux dont je fais mention : elles sont très-particularisées, & j'ose vous assurer qu'il n'en a jamais parru de si corectes. Mon voyage de la *Riviére longue* m'a donné lieu de faire la petite Carte que je vous ai envoyée de *Missilimakinac* en 1699. dans ma 16. Lettre. Il est vrai qu'elle ne marque simplement que cette Riviére & celle des *Missouris*, mais il falloit plus de tems que je n'en ai eu pour pouvoir la rendre plus parfaite par la connoissance des Païs circonvoisins, qui jusqu'à present ont été inconnus à toute la Terre, aussi bien que cette grande Riviére dans laquelle je n'aurois pas eu la temerité d'entrer sans en avoir été instruit à fond, & sans une bonne escorte. Je mets la Carte de **Canada** à la tête de ces Memoires ; la grace que je vous demande, c'est de ne la communiquer à personne sous mon nom. J'ai ajoûté à la fin de ces Mémoires l'explication des termes de *Marine* & autres qui y sont contenus, aussi bien que dans mes Lettres ; ainsi vous la pourrez consulter lorsque vous lirez des mots que vous n'entendrez pas.

Description abbregée du Canada.

VOus croirez, Monsieur, que j'avance un paradoxe en vous disant que la *Nouvelle France* vulgairement appellée le *Canada*, contient plus de terrain que la moitié

de *l'Europe*, mais voici comment je le prouve. Vous sçavez que l'Europe s'etend du Midi au Septentrion depuis le 35. degré de latitude jusques au 72. ou si vous voulez de *Cadix* au *Cap de Nord* sur les Confins de la *Laponie*; & de longitude depuis le 9. degré jusques au 94. c'est-à dire du fleuve *Obi* jusqu'à *Dinglebai* en *Irlande*. Cependant à prendre l'Europe en sa plus grande largeur l'Orient en Occident, par exemple du Canal imaginaire du *Tanais* au *Volga*, jusqu'au *Cap d'Orset* en *Irlande*, elle n'a que 66. degrez en longitude, qui contiennent plus de lieuës que les degrez qu'on lui donne vers le Cercle Polaire, quoiqu'ils soient en plus grand nombre, parceque les degrés de longitude sont inégaux, & comme c'est par l'espace du terrain qu'on doit mesurer les Provinces, les Isles, & les Royaumes, il me semble qu'on en devroit faire de même à l'égard des quatre parties du Monde. Messieurs les Geographes qui partagent la Terre au gré de leur imagination dans leur Cabinet, auroient bien pu prendre garde à ce que j'avance s'ils y avoient fait plus d'attention. Venons au *Canada*. Tout le monde sçait qu'il se tend depuis le 39. degré de latitude jusques au 65. c'est à dire du Sud du *Lac Erié* jusqu'au Nord de la *Baye de Hudson*; & en longitude depuis le 284. degré jusqu'au 336. à sçavoir du fleuve de *Missisipi* jusqu'au *Cap de Rase*, en l'Isle de *Terre-Neuve*. Je dis donc que l'Europe n'a que onze degrez de latitude & 33. de longitude plus
que

que le *Canada*, où je joints & comprens l'Isle de *Terre-Neuve*, *l'Acadie*, & toutes les autres Terres situées au Nord du *Fleuve de Saint Laurent*, qui est la grande Borne ou Limite prétenduë des Païs des François d'avec ceux des Anglois. Si je voulois compter toutes les terres du Nord-Oüest de ce *Canada*, je le trouverois beaucoup plus grand que l'*Europe*, mais je me renferme en ce qui est établi, d'écouvert & pratiqué, ne comprenant que les Païs où les François vont trafiquer des Castors avec les Sauvages, & où ils ont des Forts, des Magasins, des Missions, & de petits établissemens.

Il y a plus d'un siecle & demi que le *Canada* a été découvert ; *Jean Verasam* fut le premier qui le découvrit, mais à son malheur, car les Sauvages le mangerent. *Jaques Cartier* y alla ensuite, mais après avoir monté plus haut que *Quebec* avec son Vaisseau, il repassa en France fort degouté de ce Païs-là. A la fin on y envoya d'autres Navigateurs qui reconnurent mieux le *fleuve de Saint Laurent*, & vers le Commencement de ce siecle il partit de *Roüen* une Colonie qui eût assez de peine à s'y établir, à cause des Sauvages. Quoiqu'il en soit, il est aujourd'hui si peuplé qu'on y compte 180000. ames. Je vous ai déja dit dans mes Lettres quelque chose de ce Païs-là, ainsi je ne m'appliquerai qu'à vous marquer les principaux endroits, & ce qui peut satisfaire davantage vôtre curiosité.

La source *du Fleuve Saint Laurent* nous

A 4   a été

a été inconnue jusqu'à présent ; car quoiqu'on l'ait remonté jusqu'à sept ou huit cent lieuës, on n'en a pû trouver l'origine. Le plus loin que les Coureurs de bois ayent été, c'est au *Lac de Lenemipigon* qui se décharge dans *le Lac superieur*. Le *Lac superieur* dans celui des *Hurons*. Le Lac des *Hurons* dans le *Lac Errié* ou de *Conti*. Le L. *Errié* dans le *Lac de Frontenac*, & celui-ci forme ce grand Fleuve qui coule vint lieuës assez paisiblement, ensuite trente autres avec beaucoup de rapité jusqu'à la Ville de *Monreal*, d'où il continuë son cours avec moderation jusqu'à celle de *Quebec*, s'élargissant de la peu à peu jusqu'à son embouchure, qui en est éloignée de plus de cent lieuës. S'il en faut croire les Sauvages du Nord, ce Fleuve sort du grand Lac des *Assinipouals*, qu'ils disent être plus vaste qu'aucun de ceux que j'ai nommé, & ce *Lac des Assinipouals* est situé 50. ou 60. lieuës de celui de *Lenemipignon*, où ce Fleuve a 20. ou 22. lieuës de l'argeur à son embouchure, au milieu de laquelle on voit l'Isle *d'Anticostie*, qui en a vint de longueur. Elle appartient au Sieur *Joliet*, Canadien, qui y a fait faire un petit Magasin fortifié, afin que les marchandises & sa famille soient à l'abri des surprises des *Eskimaux*, dont je vous parlerai dans la suite : c'est avec d'autres Nations Sauvages, à savoir les *Montagnois* & les *Papipanachois*, qu'il trafique des armes & des munitions pour des peaux de Loups Marins, & quelques autres Pelleteries.

Vis à vis de cette Isle, on trouve *l'Isle percée* à la Côte du Sud. C'est un gros rocher percé à jour sous lequel les Chaloupes seulement peuvent passer. Les *Basques* & les *Normands* ont accoûtumé d'y faire la Pêche des Moruës en tems de Paix. Elle y est trés-abandante, & ces Poissons y sont plus grands & plus propres à faire secher que ceux de *Terre-Neuve*; mais il y a deux grandes incommoditez, l'une que les Vaisseaux y courent du risque, s'il ne sont amarrez à de bons cables & arrêtez par de bonnes ancres. L'autre inconvenient, c'est qu'il n'y a ni gravier ni cailloux pour étendre ces Poissons au Soleil, & qu'on est obligé de se servir de vignaux, qui sont des espéces de clayes.

Outre ce lieu de Pêche, il y en a d'autres du même côté à quelques lieuës plus haut dans le Fleuve, à sçavoir celui de *Gaspé*, où les équipages des Vaisseaux font quelquefois le commerce de Pelleteries avec les *Gaspesiens*, ce qui porte prejudice aux Propriétaires de cette Riviére. Les autres sont vers les *Monts Notre-Dame* dans les petites Bayes ou Rivieres qui se déchargent dans le Fleuve.

De l'autre côté du Fleuve, on voit la grand terre de *Labrador* ou des *Eskimaux*, qui sont des Peuples si féroces qu'on n'a jamais pû les humaniser. Il semble que le bon homme Homere veuille parler de cette malheureuse Nation Sauvage, en parlant de ses Ciclopes, car il y a trop de rapport entre eux, comme il paroît par ces

A 5   quatre

quatre vers du neuviéme Livre de son Odyssée, que je trouve trop beaux pour ne pas rapporter ici :

Τοίσιν δ' ὄυτ' ἀγοραὶ βυληφόροι οὔτε θέμιςτες.
Ἀλλ' οἵγ' ὑψηλῶν ὀρέων ναίουσι κάρηνα
Ἐν σπέσσι γλαφυροῖσι θεμιςεύει δὲ ἕκας
Παίδων ἠδ' ἀλόχων· οὐδ' ἀλλήλων ἀλέγουσι.

Cela veut dire que ces Peuples ne s'embarrassent pas de Plaidyoers, ni de multitudes de Loix, qu'ils se plaisent seulement d'habiter le sommet des Montagnes ou les Cavernes les plus profondes, que là chacun borne son droit à régler sa Famille sans se mettre en peine de son Voisin. Les *Danois* sont les premiers qui l'ont découverte, elle est remplie de Ports, de Havres & de Bayes où les Barques de *Quebec* ont accoûtumé d'aller faire la troque de peaux de Loups marins durant l'Eté avec ces Sauvages. Voici comment elle se fait, dés que ces barques ont moüillé l'ancre, ces Démons viennent à bord dans de petits Canots de peaux de Loups marins cousuës ensemble, qui sont faits à peu prés comme des navetes de tisseran, au milieu desquels on voit un trou en forme de celui d'une bourse où ils se renferment assis sur les talons avec des cordes. Ils rament de cette maniere avec de petites paletes, tantôt à droit & tantôt à gauche, sans pancher le corps, crainte de renverser. Dès qu'ils arrivent prés de la Barque

ils

ils montrent leurs Pelleteries au bout de l'aviron & demandent en même tems les coûteaux, la poudre & les balles dont ils ont besoin, des fusils, des haches, des chaudiéres, &c. enfin chacun montre ce qu'il a, & ce qu'il prétend avoir en échange, tellement que le marché conclu, ils reçoivent & donnent tout, au bout d'un bâton. Si les coquins ont la précaution de ne pas entrer dans nos Bâtimens, nous avons aussi celle de ne nous pas laisser investir par une trop grande quantité de Canots, car ils ont enlevé assez souvent de petits Vaisseaux, pendant que les Matelots étoient occupez à manier & à remuer les Pelleteries & les Marchandises. Il faut se tenir bien sur ses gardes durant la nuit, car ils sçavent faire de grandes Chaloupes, qui vont aussi vîte que le vent, & dans lesquelles ils se mettent trente ou quarante. C'est pour cela que les *Malouins*, qui font la Pêche des Moruës au petit Nord & les *Espagnols* à *Portochoua*, sont obligez d'armer des Barques longues pour courir la Côte & les poursuivres, car il n'y a gueres d'années qu'ils ne surprennent à terre les équipages, & qu'ils ne les tuent, enlevant aussi quelquefois les Vaisseaux. Il est constant qu'ils sont plus de trente mille Combattans, mais si lâches & si poltrons que cinq cens *Clistinos de la Baye de Hudson*, ont accoûtumé d'en battre cinq ou six mille. Leur Païs est grand, car il s'étend depuis la Côte, qui est vis à vis des Isles *de Mingan*, jusques au Détroit *de Hudson*. Ils passent tous les jours à *l'Isle de Terre Neuve* par le détroit de *Bellisle*, qui n'a que sept lieuës de traverse, & s'ils ne viennent pas jusqu'à *Plaisance*, c'est qu'ils craignent d'y trouver d'autres Sauvages.

A cette terre *de Labrador*, est jointe la *Baye de Hudson*, qui s'étend depuis le cinquante-deuxiéme degré de latitude, & trente minutes jusqu'au soixante-troisiéme. Voici d'où cette Baye a tiré son nom; le Capitaine *Henri Hudson*, Anglois de Nation, obtint un Vaisseau Hollandois pour aller à la Chine par un Détroit imaginairement situé au Nord de l'Amérique Septentrionale. Ce fut sur les Mémoires d'un Pilote Danois son ami, qu'il abandonna le premier dessein qu'il avoit formé de prendre sa route par la *Nouvelle Zemble*. Celui-ci qui s'appelloit *Frédéric Anschild*, étoit parti de Norvegue & d'Islande, quelques années auparavant, à dessein de trouver un passage pour aller au Japon, par le Détroit *de Davis*, qui est ce Détroit chimerique, dont je parle. La premiere terre qu'il découvrit, fut la *Baye Sauvage* située sur la Côte Septentrionale de la Terre de *Labrador*; de là rangeant cette Côte, il entra dans un Détroit qu'on appella vingt ou trente ans aprés le Détroit de *Hudson*. Ensuite naviguant toûjours vers l'Oüest, il aborda certaines Côtes situées Nord & Sud. Alors il courut au Nord, se flatant de trouver un chemin ouvert pour traverser à la Mer de *Jesso*; mais aprés avoir singlé jusqu'à la hauteur du Cercle Polaire,

& couru risque de périr mille fois dans les glaces, sans trouver aucune ouverture ny passage, il prit le parti de retourner sur ses pas. Mais comme la saison étoit fort avancée, & que les glaces couvroient déja la surface de l'eau, il fut obligé d'entrer dans la *Baye de Hudson*, & de passer l'Hiver dans un Port où plusieurs Sauvages fournirent à son équipage durant l'Hiver, des vivres & de très-belles Pelleteries. Dès que la Navigation fut libre pour les Vaisseaux, il s'en revint en Danemarc. Cependant *Hudson* l'ayant connu dans la suite, entreprit sur les Journaux de ce Danois, de passer au *Japon* par le Détroit de *Davis*, mais son entreprise échoüa, de même que celle d'un certain *Buttor*, & de quelques autres. Quoi qu'il en soit, *Hudson* entra dans la Baye de ce nom, où il reçût quantité de Pelleteries des Sauvages, ensuite il fit la découverte de la *Nouvelle Hollande*, appellée aujourd'hui la *Nouvelle York*, & de quelques autres Terres de la *Nouvelle Angleterre*. Cependant, on a tort d'appeller du nom de *Hudson*, ce Détroit & cette Baye, puis que celui qui les a premiérement découverts, est le Danois *Frederic Anschild*, dont je viens de vous parler, étant le premier Européan qui ait vû les Terres de l'Amérique Septentrionale, & frayé le chemin aux autres. Ce fut ensuite, sur les Mémoires de ce *Hudson*, que les Anglois firent des tentatives pour établir un commerce avec les Ameriquains. La quantité de Castors & d'autres belles
Pel-

Pelleteries qui trafiqua durant l'Hyver avec les Sauvages, donnérent dans la vûë à quelques Marchands Anglois, qui formérent une Compagnie pour entreprendre ce Nouveau Commerce. Ils fournirent pour cet effet quelques Bâtimens au Capitaine *Nelson*, qui en perdit quelques-uns dans les glaces, vers le Détroit après avoir failli lui-même à périr. Cependant, il entra dans la Baye & se plaça à l'embouchure d'une grande Riviére, qui prend sa source vers le Lac des *Assimpouals*, & se décharge dans cette Baye à l'endroit où il fit construire une redouë défenduë par quelques Canons. Au bout de trois ou quatre ans les Anglois firent d'autres petits Forts aux environs de cette Riviéres, ce qui apporra un préjudice considérable au Commerce des François, qui ne trouvoient plus au Nord du *Lac Supérieur* les Sauvages, avec lesquels il avoient accoûtumé de trafiquer des Pelleteries. Je ne sçai par quelle avanture, les nommez des *Cirozeliers* & *Ratisson* rencontrérent dans ce grand Lac quelques *Clistines*, qui leur promirent de les conduire au fond de la Baye, où les Anglois n'avoient pas encore pénétré. En effet, ils leur tinrent parole, ils les y menerent & leur montrerent plusieurs autres Riviéres, au bord desquelles il y avoit apparence de faire des établissemens propres pour y attirer un grand Commerce de Peaux avec plusieurs Nations Sauvages. Ces François s'en retournérent au Lac *Supérieur* par le même chemin, & de-là ils
passerent

passerent à *Quebec* où ils proposerent aux principaux Marchands de conduire dans ce même Lac des Vaisseaux, mais on se moqua de leur projet. Enfin se voyant rebutez, ils allerent en France, croyant qu'on les écouteroit mieux à la Cour, cependant après avoir presenté Mémoires sur Mémoires, & dépensé beaucoup d'argent, on les traita de Visionnaires. Dans ce tems-là, le Ministre du Roi d'Angleterre ne perdit p... l'occasion de les persuader d'aller à Lo...es, où ils furent si bien écoutez, qu'on leur donna plusieurs Vaisseaux qu'ils y menerent avec assez de difficulté, & construisirent en differens endroits plusieurs Forts trés-avantageux pour le Commerce. On se repentit alors en France, mais trop tard, de n'avoir pas fait assez d'attention à leurs Mémoires, & ne pouvant plus y remédier, on se résolut d'en chasser les Anglois à quelque prix que ce fut : En effet, on y réüssit après les avoir vigoureusement attaquez par Mer & par Terre, à la réserve du Ford de *Nelson* où il n'y avoit point d'apparence de mordre si facilement. Les Anglois quelques années après se résolurent de faire tout leur possible pour reprendre ces postes, à quoi ils réüssirent heureusement, car ne voulant pas en avoir le démenti, ils débusquerent à leur tour les François ; & aujourd'hui ceux-ci se préparent à leur rendre le change. Au reste, ce Païs-là est si froid durant sept ou huit mois de l'année, que la Mer se glace dix pieds d'épaisseur, que les arbres

&

& les pierres mêmes se fendent, qu'il y tombe dix ou douze pieds de nége qui couvrent la terre plus de six mois, & que pendant ce tems on n'oseroit sortir de sa maison, sans risquer d'avoir le nez, les oreilles & les pieds gelez. La Navigation est si difficile & si dangereuse d'Europe en ce Païs-là, à cause des glaces & des courants, qu'il faut être réduit à la dernière misère, ou possedé d'un aveuglement jusqu'à la folie, pour entreprendre ce détestable Voyage.

Il est tems de passer maintenant de la *Baye de Hudson* au *Lac Supérieur*. Ce voyage est plus facile à faire sur le papier que réellement, car il faut remonter près de cent lieuës la Rivière des *Machkandibi*, qui est si rapide & si pleine de Cataractes, qu'à peine six Canoteurs dans un Canot allegé, peuvent-ils en venir à bout en trente ou trente-cinq jours. On trouve à la source de cette Rivière un petit Lac de même nom, d'où on est obligé de faire un portage de sept lieuës pour attraper la Rivière de *Michipikoton*, qu'on descend ensuite en dix ou douze jours, quoi qu'on soit obligé de faire quelques portages. Il est vrai qu'on saute plusieurs Cataractes en descendant, ou l'on est contraint de porter les Canots ou de les traîner en remontant. Nous voici donc à ce grand Lac *Supérieur*, qu'on estime avoir cinq cens lieuës de circuit, y comprenant le tour des Anses & des petits Golfes. Cette petite Mer douce est assez tranquille depuis le commencement de Mai jusqu'à la fin de Septembre. Le côté du Sud est le plus assuré pour la Navigation des Canots par la quantité de Bayes & de petites Riviéres où l'on peut relâcher en cas de tempête. Je ne sache point qu'il y ait aucune Nation Sauvage sedentaire sur les bords de ce Lac, il est vrai que durant l'Eté plusieurs Peuples du Nord, vont chasser & pêcher en certains endroits où ils apportent en même temps les Castors qu'ils ont pris durant l'Hyver, pour les troquer avec les Coureurs de bois qui ne manquent pas de les y joindre tous les ans. Ces lieux sont *Bagouasch*, *Lemipisaki* & *Chagouamigon*. Il y a déja quelques années que Mr. *Dulhut* avoit construit un Fort de pieux, dans lequel il avoit des Magazins remplis de toutes sortes de Marchandises. Ce poste, qui s'appelloit *Camanistigoyan*, faisoit un tort considérable aux Anglois de la *Baye de Hudson*, parce qu'il épargnoit à quantité de Nations la peine de transporter leurs Pelleteries à cette Baye. Il y a sur ce Lac des Mines de cuivre, dont le métal est si abondant & si pur qu'il n'y a pas un septiéme de déchet. On y voit quelques Isles assez grandes, remplies d'Elans & de Caribous, mais il n'y a guéres de gens qui s'avisent d'y aller exprès pour chasser, à cause du risque de la traverse. Au reste, ce Lac est abondant en Eturgeons, Truites & Poissons blancs. Le froid y est excessif durant six mois de l'année, & la nége le joignant à la gelée, glace ordinairement les

eaux

eaux de ce Lac jusqu'à dix ou douze lieuës au large.

Du *Lac Supérieur*, je passe à celui des *Hurons*, auquel je donne quatre cens lieuës de circonference. Or pour y aller il faut descendre le *Saut Sainte Marie*, dont je vous ai parlé dans ma quinziéme Lettre. Ce Lac est situé sous un très-beau climat, comme vous le voyez sur ma Carte. Le côté du Nord est le plus navigable pour les Canots, à cause de la quantité d'Isles sous lesquelles on peut se mettre à l'abri du mauvais temps. Celui du Sud est le plus beau & plus commode pour la Chasse des Bêtes fauves, qui y sont en assez grande quantité. La figure de ce Lac, est à peu près celle d'un triangle équilateral. Parmi ses Isles, celle de *Manitoualin* est la plus considérable. Elle a plus de vingt lieuës de longueur & dix de largeur. Les *Outaouas* de la Nation du *Talon* & du *Sable* y habitoient autrefois, mais la crainte des *Iroquois* les a contraints de se retirer avec les autres à *Missilimakinac*. Vis-à-vis de cette Isle habitent en terre-ferme les *Nockés* & les *Missitagues* en deux Villages different, éloignez de vingt lieuës l'un de l'autre. Vers le bout Oriental de cette même Isle, on trouve la *Riviére des François*, dont je vous ai parlé en ma seiziéme Lettre ; elle est aussi large que la Seine à Paris & de sa source, qu'elle tire du Lac des *Nepicerini*, jusqu'à son embouchure, elle n'a tout au plus que quarante lieuës de cours. On voit au Nord-Est de cette
Riviè-

Riviére la Baye de *Toronto* qui a vingt ou vingt cinq lieuës de longueur & quinze d'ouverture, il s'y décharge une Riviére qui sort du petit Lac de même nom, formant plusieurs Cataractes impraticables, tant en descendant qu'en montant. Cette tête d'homme, que vous voyez marquée sur ma Carte au bord de cette Riviére, désigne un gros Village de *Hurons*, que les *Iroquois* ont ruiné. De sa source on peut aller dans le Lac de *Frontenac* en faisant un portage jusqu'à la Riviére de *Tamiouaté* qui s'y décharge. Vous pouvez remarquer au côté Méridional de la Baye de *Toronto* le *Fort supposé*, dont je vous ai fait mention dans ma vingt-troisiéme Lettre ; A trente lieuës de là vers le Sud, l'on trouve le Païs de *Theonontate* que les *Iroquois* ont presque tout à fait dépeuplé de *Hurons*. De là, je passe droit à mon Fort, sans m'arrêter à vous faire une description inutile des Païsages différens qu'on voit dans l'espace de plus de trente lieuës. Je vous ai parlé tant de fois de ce poste, que je sauterai droit à la Baye du *Sakinac*, sans vous parler de la quantité de battures & de rochers qu'on trouve cachez sous l'eau jusqu'à deux lieuës au large. Cette Baye a seize ou dix-sept lieuës de longueur & six d'ouverture, au milieu de laquelle on voit deux petites Isles très-utiles aux Voyageurs qui seroient obligez le plus souvent de faire le tour de la Baye, plûtôt que de s'exposer à faire cette traverse en Canot. La Riviére du *Sakinac* se décharge au fond de la la Baye. Elle a soixante lieuës de Cours assez paisible n'ayant que trois petites Cataractes qu'on peut sauter sans risque. Elle est aussi large que la *Seine* au Pont de *Seve*. Les *Outaouas* & les *Hurons* ont accoutumé d'y faire de deux ans l'un, de grandes chasses de Castors. De cette Riviére à *Missilimakinac* il n'y a point d'endroit qui merite la peine d'en parler ; je vous ai dit tout ce qu'on pouvoit dire de ce poste, si utile pour le commerce, en vous en envoyant le plan. Ainsi je passerai à la description du *Lac Errié*, me souvenant de vous avoir fait celle du *Lac des Ilinois* en ma seiziéme Lettre.

L'on n'a point eu tort de donner au *Lac Errié* un nom aussi illustre que celui de *Conti*, car s'est asseurément le plus beau qui soit sur la terre. L'on peut juger de la bonté de son climat par les latitudes des Païs qui l'environnent. Son circuit est de deux cent trente lieuës, mais par tout d'un aspect si charmant qu'on voit le long de ses bords des Chênes, des Ormeaux, des Chataigniers, des Noyers, des Pomiers, des Pruniers, & des Treilles, qui portent leurs belles grapes jusqu'au sommet des Arbres sur un terrain uni comme la main, ce qui doit suffire pour s'en former l'idée du Monde la plus agréable. Je ne sçaurois d'ailleurs vous exprimer la quantité de bêtes fauves & de Poulets d'Inde qu'on voit dans ces bois & dans les vastes prairies, qu'on découvre du côté du Sud. Les Bœufs Sauvages se trouvent au fond de ce Lac sur les bords de deux belles Riviéres qui s'y s'y déchargent fans rapides ni Cataractes. Il est abondant en Eturgeons & Poissons blancs, mais les Truites y sont rares aussi bien que les autres Poissons qu'on pêche dans les *Lacs des Hurons* & des *Ilinois*. Il est aussi sans batures, sans rochers ni bancs de sable ; sa profondeur est de 14. à 15. brasses d'eau. Les Sauvages asseurent que les gros vents n'y soufflent qu'en Décembre, Janvier & Février, quoique rarement, ce que j'ai lieu de croire par le peu qu'il en fit durant l'Hiver que je passai à mon Fort en 1688. quoiqu'il fut exposé au *Lac des Hurons*. Les bords de ce Lac ne sont ordinairement frequentez que par des guerriers, soit *Iroquois* ; *Ilinois*, *Oumamis* &c. & le risque de s'y arrêter à la chasse est trop grand. Ce qui fait que les cerfs, les chevreuils & les Poulets d'Inde courent en troupeaux le long du Rivage dans toute l'étenduë des Terres dont il est environné. Les *Erriéronons* & les *Andastogueronons* qui habitoient au bord de ce Lac aux environs ont été détruits par les *Iroquois*, aussi bien que d'autres Nations marquées sur ma Carte. On découvre une pointe de terre du côté du Nord qui avance quinze lieuës au large ; & à trente lieuës delà vers l'Orient, on trouve une petite Riviére qui prend sa source près de la Baye de *Ganaraske* située dans le *Lac Frontenac*. Ce seroit un passage assez court d'un Lac à l'autre si elle n'avoit point de Cataractes. De là au détroit c'est-à-dire à la décharge de ce Lac il y a trente lieuës. Ce détroit en a 14. de longueur &

une

une de largeur. Ce fort fuppofé que vous voyez fur ma Carte en ce lieu-là, eft un de ceux dont je vous ai parlé en ma vingt-troifiéme Lettre. De ce prétendu Fort à la Riviére de Condé il y a vint lieuës: Cette Riviére a foixante lieuës de Cours fans Cataractes, s'il en faut croire les Sauvages, qui m'ont affuré que de fa fource, on pouvoit aller dans une autre qui fe décharge à la Mer, ni ayant qu'un portage d'une lieuë. De l'une de ces Riviéres à l'autre je n'ai été qu'à l'embouchure de celle de *Condé* où nos *Outaouas* éprouverent leurs jambes, comme je vous l'ai expliqué dans ma quinfiéme Lettre. Les Ifles que vous voyez fur ma Carte fituées au fonds du Lac font ces parcs de chevreuils, & des arbres fruitiers que la Nature a pris plaifir de faire pouffer pour nourrir de leurs fruits les Dindons, les Faifans, & les Bêtes fauves. Enfin fi la Navigation des Vaiffeaux étoit libre de *Quebec* jufques dans ce Lac, il y auroit dequoi faire le plus beau, le plus riche & le plus fertile Royaume du Monde : car outre toutes les beautez dont je vous parle il y a de très-bonnes mines d'argent a 20. lieuës dans les terres le long d'un certain côteau d'où les Sauvages ont aporté de groffes pierres qui ont rendu, de ce precieux metal avec peu de dechet.

Du *Lac Errié* je tombe dans celui de *Frontenac*, dont je n'ai peu m'empêcher de vous parler dans ma feptiéme & troifiéme Lettre. Ce Lac a, comme je vous ai déja dit, 180. lieuës de circuit; la figure eft ova-

le

le, & sa profondeur de 20. à 25. brasses d'eau. Il s'y décharge du côté du Sud plusieurs petites Riviéres, à sçavoir celles des *Tsonontouans*, des *Onnontagues* & de *la Famine*, du côté du Nord ; celles de *Ganaraské* & de *Téonontaté*. Ses bords sont garnis de bois de haute futaye sur un terrain assez égal, car on y voit point de côtes escarpées, y ayant plusieurs petits Golfes du côté du Nord. On peut aller dans le *Lac des Hurons* par la Riviéres de *Tanaouaté* en faisant un portage de sept ou huit lieuës jusqu'à celui de *Toronto* qui s'y décharge par une Riviére de même nom. On peut aussi passer dans le *Lac Errié* par la baye de *Ganaraské* en faisant un autre portage jusqu'à une petite Riviére pleine de Cataractes. Les Villages des *Onnontagues*, *Tsonontouans*, *Goyoguoans* & *Onnoyontes*, ne sont pas fort éloignez du Lac *Frontenac*. Ces Peuples *Iroquois* sont trés-avantageusement situez. Leur Païs est beau & fertile, mais les Chevreuils & les dindons leur manquent aussi bien que les Poissons, car leur Riviéres n'en portent point, desorte qu'ils sont obligez de faire leurs pêches dans le Lac, & de les boucaner ensuite pour les pouvoir garder & transporter à leurs Villages. Ils sont obligez pareillement de s'écarter de leur terres pour faire chasser des Castors durant l'Hiver soit du Côté de *Ganaraské*, du Lac *Toronto* ou de la grande *Riviére des Outaouas*, où il seroit facile de leur couper la gorge, si l'on s'y prenoit de la maniere que je vous l'ai expliqué. Je vous ai

aussi

aussi parlé des *Forts de Frontenac* & de *Niagara*. Aussi-bien que du *Fleuve Saint Laurent*, qui semble avoir abandonné les Lacs pour courir plus étroitement le long du *Monreal* & de *Quebec*, où ses eaux se mêlant avec celles de la Mer, deviennent si salées qu'on n'en sçauroit plus boire.

Il ne me reste plus qu'à faire la description de *l'Acadie* & de *l'Isle de Terre-Neuve*, qui sont des Païs bien differens l'un de l'autre. Les Côtes de *l'Acadie* s'étendent depuis *Kenebeki*, qui est la Place frontiére de la *Nouvelle Angleterre*, jusqu'à *l'Isle Percée*, situées vers l'embonchure du *Fleuve S. Laurent*. Ce Païs *d'Acadie* contient près de trois cens lieuës de Côtes Maritimes, le long desquelles on trouve deux grandes Bayes naviguables, à sçavoir la *Baye Françoise* & celle *des Chaleurs*. Il y a quantité de petites Riviéres, dont les entrées sont faines & profondes pour les plus grands Vaisseaux : elles abondent en Saumons dont on pourroit faire des Pêches considérables si on vouloit l'entreprendre, on pêcheroit aussi dans la plûpart de ces Riviéres & des petits Golfes qui les précédent, quantité de Moruës telles qu'à *l'Isle Percée*. Car ces Poissons donnent à la Côte en abondance durant l'Eté, & sur tout aux environs des *Isles du Cap Breton* & *de Saint Jean*. Il est vrai que les Ports de la premiére ne peuvent servir qu'à retirer des Barques, & que la seconde n'en a point du tout, mais si ces deux Isles étoient peuplées, leurs Habitans pourroient envoyer

tous

DE L'AMERIQUE.

tous les jours leurs Chaloupes à la Pêche, & lors que leurs Moruës seroient prêtes à la fin d'Août, les Vaisseaux pourroient moüiller près de terre & s'en charger. La Riviere de *Saint Jean*, où les Sieurs *d'Amour* de *Quebec* ont un établissement pour le Commerce des Castors, est trés-belle & trés-fertile en grains, elle est navigable jusqu'à douze lieuës de son embouchure. Entre la Pointe *de l'Acadie* & *l'Isle du Cap Breton*, il y a un Canal ou Détroit de Mer d'environ deux lieuës de largeur, assez profond pour porter le plus grand Vaisseau de France, on l'appelle le passage de Canseaux, il seroit plus frequenté qu'il n'est, si les Navires Marchands qui vont en *Canada*, vouloient partir de France vers le 15. de Mars, car ils pourroient passer par là, étant assurez de trouver en toute saison ce passage libre, au lieu que le chênail du *Cap de Raye*, est souvent rempli de glace en Avril. De cette maniere, les Vaisseaux devroient arriver à *Quebec* au commencement de Mai. Presque toutes les terres de *l'Acadie* sont fertiles en bled, pois, fruits & légumes; on y distingue assez bien les quatre saisons de l'année, quoi que les trois mois d'Hiver y soient extrêmement froids. On tire de plusieurs endroits des mâtures aussi fortes que celles de *Norvegue*, & l'on y pourroit construire toutes sortes de Bâtimens s'il en étoit besoin, car les Chênes surpassent en bonté ceux de nôtre Europe, s'il en faut croire les Charpentiers: En un mot, ce Païs-là est tout à fait

Tome II.   B   beau;

beau ; le climat passablement tempéré, l'air pur & sain, les eaux legeres & claires, & la Chasse & la Pêche y sont abondantes. Les Castors, les Loutres, & les Loups Marins, sont les Animaux qui s'y trouvent les plus communément, ils y sont même en très-grand nombre ; ceux qui en aiment les viandes, sont bien redevables au Docteurs qui persuaderent aux Papes de métamorphoser ces Animaux terrestres en Poissons, car ils en peuvent user librement & sans scrupule pendant le Carême. Au reste, la connoissance que j'ai de ce Païs là, me fait prévoir que tôt ou tard les Anglois s'en rendront les Maîtres. Les raisons que j'en pourrois donner sont très-paisibles ; ils ont déja commencé à ruiner le Commerce des Pelleteries que nos François avoient accoûtumé de faire avec les Sauvages, & ils acheveront bien-tôt de le perdre entierement. Nos François veulent vendre trop cher leurs Marchandises, quoi qu'elles ne soient pas si bonnes que celles des Anglois, qui les donnent pourtant à meilleur marché. Ce seroit dommage de laisser aux Anglois un Païs dont le Commerce des Pelleteries & les Pêches de Morues leur en ont fait si souvent tenter la conquête. Il est impossible qu'on les empêche d'enlever les établissemens des Côtes de *L'Acadie*, par l'éloignement où ils sont les uns des autres ; ils y réüssiront comme ils ont déja fait. Les Gouverneurs François ont les mêmes vûës que ceux de bien d'autres postes d'Outre-Mer. Ils Considérent

rent leur emploi comme une mine d'or qu'on leur donne pour en tirer de quoi s'enrichir ; ainsi le Bien public ne marche jamais qu'après leur interêt particulier. Mr. *de Meneval* laissa prendre le *Fort-Royal* aux Anglois, parce que la Place n'étoit revêtuë que de simples palissades, & pourquoi n'étoit-elle pas mieux fortifiée. C'est qu'il croyoit avoir le tems de remplir sa bourse avant que les Anglois s'avisassent de l'attaquer. Ce Gouverneur avoit relevé Mr. *Perrot*, qui fut cassé honteusement pour avoir fait la principale occupation de s'enrichir, qui étant repassé ensuite en France revint avec plusieurs Vaisseaux chargez de Marchandises, pour faire en ce Païs-là la profession d'un Négociant particulier. Celui-ci dans le tems de son Gouvernement, laissa prendre aux Anglois plusieurs postes avantageux sans se donner aucun mouvement, il se contentoit d'aller dans ses Barques de Riviére en Riviére pour trafiquer avec les Sauvages, & aprés sa cassation, non content de faire son Commerce sur les Côtes de *l'Acadie*, il voulut aller sur celles des Anglois, mais il lui en coûta cher, car quelques Corsaires l'ayant surpris, enleverent ses Barques & lui donnerent ensuite la *Calle seche*, dont il mourut sur le champ. Les trois principales Nations Sauvages qui habitent sur les Côtes, sont les *Abenakis*, les *Adikemak*, & les *Canibas*. Il y en a quelques autres errantes, qui vont & viennent de *l'Acadie* à la *Nouvelle Angleterre*, qu'on appelle *Mahin-*
gans,

gans, *Soccokis* & *Openango*. Les trois premieres, qui sont fixées dans leurs Habitations, sont étroitement liées d'amitié & d'interêt avec les François, & l'on peut dire, qu'en tems de guerre ils font des incursions si dommageables aux Colonies Angloises, que nous devons avoir soin d'entretenir sans cesse une bonne intelligence avec eux. Le Baron de *Saint Casteins* Gentilhomme *d'Oleron en Bearn*, s'est rendu si recommandable parmi les *Abenakis* depuis vingt & tant d'années, vivant à la Sauvage, qu'ils le regardent aujourd'hui comme leur Dieu tutelaire. Il étoit autrefois Officier de *Carignan* en *Canada*, mais dès que ce Régiment fut cassé, il se jetta chez ces Sauvages dont il avoit appris la langue. Il se maria à leur maniere, préferant les Forêts de *l'Acadie* aux Monts *Pirenées* dont son Païs est environné. Il vécut les premieres années avec eux d'une maniére à s'en faire estimer au delà de tout ce qu'on peut dire. Ils le firent grand Chef, qui est comme le Souverain de la Nation, & peu à peu il a travaillé à se faire une fortune dont tout autre que lui sçauroit profiter, en retirant de ce Païs-là plus de deux ou trois cens mille écus qu'il a dans les coffres en belle monnoye d'or. Cependant il ne s'en sert qu'à acheter des Marchandises pour faire des presens à ses Confréres les Sauvages, qui lui font ensuite au retour de leurs chasses des presens de Castors d'une triple valeur. Les Gouverneurs Généraux *de Canada* le ménagent,

& ceux de la *Nouvelle Angleterre* le craignent. Il a plusieurs filles & toutes mariées très-avantageusement avec des François, ayant donné un riche dot à chacune. Il n'a jamais changé de femme, pour apprendre aux Sauvages que Dieu n'aime point les hommes inconstans. On dit qu'il tâche de convertir ces pauvres Peuples, mais que ses paroles ne produisant aucun fruit, il est donc inutile que les Jesuites leur prêchent les veritez du Christianisme: cependant ces Pères ne se rebutent pas, ils estiment que le Bâtême conféré à un enfant mourant, vaut dix fois la peine & le chagrin d'habiter avec ces Peuples.

Le *Port-Royal*, Ville Capitale ou l'unique de l'*Acadie*, n'est, au bout du compte, qu'une très-petite Bicoque, qui s'est un peu agrandie depuis le commencement de la guerre 1689. par l'abord de quantité d'Habitans des Côtes du voisinage de *Baston*, Capitale de la *Nouvelle Angleterre*. Il s'y en jetta beaucoup, dans la crainte qu'ils eurent que les Anglois ne les pillassent & ne les amenassent en leur Païs. Mr. *de Meneval*, comme j'ai déja dit, rendit cette Place aux Anglois, ne pouvant soutenir ce poste avec le peu de François qu'il avoit, parce que les palissades étoient basses & mal en ordre. Il fit sa Capitulation avec le Commandant du Parti qui l'attaqua; mais il lui manqua de parole, car il en fut traité avec toute sorte d'ignominie & de dureté. Cette Ville est située au 44. degré & 40. minutes de latitude sur le bord

bord d'un très-beau Baſſin de deux lieuës de longueur, & une de largeur, à l'entrée duquel il peut y avoir ſeize ou dix-huit braſſes d'eau d'un côté, (car *l'Iſle aux Chevres* qui eſt au milieu, ſemble le partager en deux) & de l'autre ſix ou ſept. Le mouillage eſt très-bon en tous les endroits de ce Baſſin, au fond duquel on voit une langue de terre, qui fait la ſéparation de deux Riviéres, où la Marée monte dix ou douze lieuës. Elle ſont bordées de très-belles Prairies où l'on trouve au Printems, & en Automne toutes ſortes d'Oiſeaux de Riviéres. Le *Port-Royal* n'eſt donc qu'un petit nombre de Maiſons à deux étages & où peu de gens de diſtinction habitent. Il ne ſubſiſte que par le Commerce de Pelleteries que les Sauvages y viennent échanger pour des Marchandiſes d'Europe. La Compagnie des Fermiers y avoit autrefois des Magazins dont les Gouverneurs étoient les Commis. Il me ſeroit aſſez facile d'en nommer quelques-uns, ſi je ne craignois que d'autres que vous vinſſent à lire ces Memoires.

L'Iſle de Terre Neuve a trois cens lieuës de circonférence. Elle eſt éloignée de France d'environ ſix cens cinquante lieuës, & de quarante ou cinquante du *grand Banc* de même nom. La Côte Meridionale appartient aux François, qui y ont pluſieurs établiſſemens pour la Pêche des Moruës. l'Orientale, eſt habitée par les Anglois, qui occupent pluſieurs poſtes conſidérables ſituez en certains Ports, Bayes & Havres qu'ils ont eu le ſoin de fortifier. La Côte Occi-

Occidentale est deserte & n'a jamais eu de Maître jusqu'à present. Cette Isle, dont la figure est triangulaire, est remplie de Montagnes & de Bois impratiquables. On y trouve de grandes Prairies, ou pour mieux dire de grandes Landes, plûtôt couvertes de mousse que d'herbe. Les terres n'y valent rien du tout, car elles sont mêlées de gravois, & de sable, & de pierres; ainsi ce n'est que par l'utilité qu'on retire de la Pêche que les Anglois & les François s'y sont établis. La Chasse des Oiseaux de Riviere, des Perdrix & des Lievres est assez abondante; mais pour les Cerfs il est presque impossible de les surprendre, à cause de l'élevation des Montagnes & de l'épaisseur des Bois. On trouve en cette Isle, comme en celle du *Cap Breton*, du Porphire de diverses couleurs. On a pris soin d'en envoyer en France quelques blocs d'échantillon qu'on a trouvé fort beaux, quoy que durs à tailler. J'en ai vû de rouge tacheté de verd de Ciboulle, qui paroissoit le plus curieux du monde, mais par malheur il éclate si fort en le tirant de la Carriére qu'on ne peut l'employer que par incrustation.

On tire aussi de l'Isle du *Cap Breton* un Marbre noir, ou espece de Bresche vené de gris, qui est dur & reçoit mal le poli. Cette pierre est sujette à s'éclater, à cause des fils qui s'y rencontrent, & même elle est difficile à tailler, par l'inégalité de sa dureté & des cloux qui s'y trouvent. Il n'y a point de Sauvages sédentaires en l'Isle de

Terre-Neuve. Il est vrai que les *Eskimaux* y traversent quelquefois par le Détroit de *Bellisle* avec de grandes Chaloupes pour surprendre les équipages des Vaisseaux Pêcheurs au petit Nord. Nos établissemens sont a *Plaisance*, à *l'Isle S. Pierre*; & dans la *Baye des Trépassez*. Du *Cap de Raye* jusqu'au *Chapeau Rouge* la Côte est fort saine, mais du *Chapeau Rouge* au *Cap de Raye* les Rochers la rendent assez dangereuse. Il y a deux obstacles assez grands pour aborder cette Isle. La premiere, que les broüillards y sont si épais jusqu'à vingt lieuës au large durant l'Eté qu'il n'y a point de Navigateur, quelque habile ou expert qu'il puisse être, assez hardi pour porter le Cap à terre pendant qu'ils durent. Ainsi l'on est toûjours obligé d'attendre quelques jours serains pour atterrer. Le second obstacle & le plus fâcheux, ce sont les Courant qui portent de côté & d'autre, sans qu'on s'apperçoive de cette variation, ce qui fait que les Vaisseaux donnent à la Côte dans le tems qu'on se croit à dix lieuës au large; mais ce qu'il y a de plus mauvais, c'est que le * Ressac les jette insensiblement sur les rochers, sans qu'on puisse l'éviter, parce que n'y ayant point de fonds; il est impossible de moüiller l'ancre : C'est ainsi que périt le Vaisseau du Roi le *Jou.* en 1692. comme quantité d'autres en differentes occasions.

Plaisance est le poste le plus avantageux & le plus utile au Roi de toute *l'Amerique Septentrionale*, par raport à l'azile qu'y trou-

* *Ressac, mots e entent insensible de la Mer ou vagues d'ormiantes qui roulent sur la surface de la Mer.*

vent les Vaisseaux obligez de relâcher quand ils vont en *Canada* ou quand ils en retournent, & même pour ceux qui reviennent de *l'Amerique Meridionale*, soit qu'ils fassent de l'eau où qu'ils manquent de vivres, ou qu'enfin ils ayent été dematez ou incommodez par quelque coup de vent. Cette Place est située au 57. degré & quelques minutes de latitude, presque au fond de la Baye du même nom, qui a vint & quelques lieües de longueur & dix ou douze de largeur. Le Fort est placé sur le bord d'un *Goulet* ou petit détroit de soixante pas de largeur, & de six brasses de profondeur. Il faut que les Vaisseaux rasent pour ainsi dire l'angle des Bastions pour entrer dans le port qui peut avoir une lieüe de longueur & un demi quart de largeur. Ce port est précedé d'une grande & belle Rade d'une heure & demi d'étenduë, mais tellement exposée au vent de Nord-Oüest & Nord Nord-Oüest (qui sont les plus terribles & le plus opiniatres de tous les vents) & aux furieux souffle desquels ni cables ni Ancres ni gros Vaisseaux ne sauroient resister, ce qui n'arrive guerre que dans l'arriere saison. Il en couta un second Vaisseau au Roi de 64. Canons nommé le *Bon* la même année que le *Feli* se perdit; & si les quatre ou cinq autres de cette Esquadre n'eussent eu la précaution d'entrer dans le port ils auroient infailliblement couru le même sort. Cette Rade qui n'est donc exposée qu'à ces vents de Nord-Oüest & Oüest-Nord-Oüest cache quelques Rochers de la bande de Nord, outre ceux de la *pointe verte*, où plusieurs Habitans ont accoûtumé de faire la pêche. Vous pouvez considérer toutes ces choses sur le plan dont j'acompagnai ma vingt-troisième Lettre. Il vient pour l'ordinaire trente ou quarante Vaisseaux de France à *Plaisance* tous les ans, & quelque fois plus de 60. Les uns y viennent pour faire la pêche, & les autres pour faire la troque avec les Habitans, qui demeure l'Eté de l'autre côté du Fort. Le terrain des Habitations s'appellent la *Grand Grave*, parce qu'en effet ce n'est que du gravier sur lequel on étend les moruës pour les faire secher au Soleil aprés qu'elles sont salées. Les Habitans & les Vaisseaux pêcheurs envoyent tous les jours leurs Chaloupes à la pêche à deux lieuës du port. Elles reviennent quelque fois si chargées qu'elles paroissent comme ensevelies dans la Mer, ne restant que les fargues. Cela surpasse l'imagination. Il faut avoir vû la chose pour la croire. Cette pêche commence à l'entrée de Juin & finit à la mi-Août. On pêche la boete dans le Port, c'est-à-dire les petits Poissons dont on se sert pour garnir les Ameçons des moruës. Les graves manquent à *Plaisance*, ce qui fait qu'il n'est pas si peuplé qu'il devroit être: si les Gouverneurs préferoient le service du Roi à l'avidité du gain on en feroit un poste considerable, & ou bien des gens viendroient faire des graves à leurs dépens; mais pendant que les Gouverneurs pilleront le bien des particuliers, sous le beau pretexte

texte du service du Roi qu'ils nomment par tout, je ne voi point d'apparence que cette Habitation grossisse & s'étende jamais. N'est-ce pas deshonorer son Prince & son Emploi ? que de faire le pêcheur, le marchand le Cabaretier & cent autres métiers de la plus basse méchanique ? N'est-ce pas une tiranie ? de forcer les Habitans d'acheter d'un tel ou tel Vaisseau les marchandises dont ils ont besoin, & de vendre les morues à d'autres Vaisseaux où Messieurs les Gouverneurs ont le principal interêt ? N'est-ce pas contrevenir aux Ordonnances de *Loüis XIV.* que de s'aproprier les agrés & les apparoux des Vaisseaux qui perissent à la côte ; de retenir les equipages des Navires Marchands pour faire la pêche ; de vendre les Habitations, d'empêcher de hausser les encheres des effets vendus à l'encan pour se les aproprier de pure autorité ; de changer les vivres des troupes dans les Magasins, y prenant de bon buiscuit pour y en remettre de mauvais, en faire autant du bœuf & du lard destinez à l'entretien de la garnison ; obliger les Habitans à donner leurs Valets & leurs Charpentiers pour les employer à des trauvaux ou le service de Sa Majesté a moins de part que celui de la bourse. Voilà des abus qu'on devroit reformer, si l'on veut que le Roi soit bien servi. Cependant on ne le fait pas ; j'en ignore la raison ; qu'on la demande aux Commis de Monsieur de *P****. Je suis persuadé que toutes ces pirateries ne viennent point à la

sonconnoissance du Roi, car il est trop juste pour les souffrir. Au reste il ne croit ni bled, ni segle, ni pois à *Plaisance*, car la terre ny vaut rien. Outre que quand elle seroit aussi bonne & aussi fertile qu'en *Canada*, personne ne s'amuseroit à la cultiver, car un homme gagne plus à pêcher des Moruës durant l'Eté que dix autres à travailler à la terre. Il y a quelques autres petits ports dans la grande *Baye* de *Plaisance* où les *Basques* vont aussi faire la pêche. C'est le petit & le grand *Burin*, *Saint Laurent*, *Martir*, *Chapeau* rouge &c.

Table des Nations Sauvages de Canada.

De l'Acadie.

Les Abenakis.
Les Micmacs.
Les Canibas.
Les Mahingans.
Les Openangos.
Les Soccokis.
Les Etechemins.
} Ceux-ci sont bons Guerriers, plus alertes & moins cruels que les *Iroquois*. Leur langage differe peu de la langue *Algonkine*.

Du Fleuve Saint Laurent depuis la Mer jusqu'à Monreal.

Les Papinachois.
Les Montagnois.
Les Gaspesiens.
} Langue *Algonkine*.

Les Hurons de Loreto, langue *Iroquoise*.

Les Abenakis de Scilleri.
Les Algonkins
} Langue *Algonkine*.

Les

Les Agniez du Saut S. Loüis, langue *Iroquoise*, braves & bons Guerriers.
Les Iroquois de la Montagne du Montreal, langue *Iroquoise*, bons Guerriers.

Du Lac des Hurons.

Les Hurons, langue *Iroquoise*.
Les Outaouas.
Les Nockes.
Les Missisagues. } Langue *Algonkine*.
Les Attikamek.
Les Outchipoues appellez *Sauteurs*, bons Guerriers.

Du Lac des Ilinois & des environs.

Quelques Ilinois à Chegakou.
Les Oumamis, bons Guerriers.
Les Makapoutens.
Les Kikapous, bons Guerriers. } Langue
Les Outagamis, bons Guerriers. *Algonkine*
Les Malomimis. alertes.
Les Poutcouatamis.
Les Ojatinons, bons Guerriers.
Les Sakis.

Aux environs du Lac de Frontenac.

Les Tsonontouans.
Goyoguans. } Langue différente
Onnontagues. de l'*Algonkine*.
Onnoyoutes & Agniés, un peu éloignez.

Aux environs de la Riviére des Outaonas.

Les Tabitibi.
Les Monzoni.
Les Machakandibi.
Les Nopemen d'Achirini.
Les Nepifirini.
Les Temiskamink.
} Langue *Algonkine*, tous poltrons.

Au Nord du Miffifipi, *& aux environs du* Lac Supérieur *& de la* Baye de Hudfon.

Les Affimpouals.
Les Sonkaskitons.
Les Ouadbatons.
Les Atintons.
Les Cliftinos, braves Guerriers & alertes.
Les Eskimaux.
} langue *Algonkine*.

Table des Animaux des Païs Meridionaux du Canada.

Bœufs Sauvages.
Cerfs petits.
Chevreuils de trois efpeces differentes.
Loups, comme en *Europe*.
Loups cerviers, comme en *Europe*.
Michibichi, efpece de Tigre poltron.
Furets
Beletes } comme en *Europe*.
Efcureuils cendrez.
Lievres
Lapins } comme en *Europe*.

Tessons, comme en *Europe*.
Castors blancs, mais rares.
Ours rougeatres.
Rats musquez.
Renards rougeatres, comme en *Europe*.
Crocodiles au *Missisipi*.
Ossa au *Missisipi*.

Ceux des Païs Septentrionaux sont.

Orignaux ou Elans.
Caribous.
Renards noirs.
Renard argentez.
Especes de chats Sauvages appellez *enfans du Diable*.
Carcajoux.
Porcs épis.
Foutereaux.
Martres.
Fouïnes, comme en *Europe*.
Ours noirs.
Ours blancs.
Siffleurs.
Ecureuils volants.
Liévres blancs.
Castors.
Loutres.
Rats musquez.
Ecureuils Suisses.
Grands cerfs.
Loups Marins.

Explication de ceux dont je n'ai pas fait mention dans mes Lettres.

Animaux Méridionaux.

LE *Michibichi* est un espece de *Tigre*, mais plus petits & moins marqueté, il s'enfuit dès qu'il aperçoit quelqu'un, & s'il trouve un arbre il y grimpe au plus vîte. Il n'y a point d'animal qu'il n'attaque, & dont il ne vienne facilement à bout, & ce qu'il a de singulier par dessus tous les autres Animaux, c'est qu'il court au secours des Sauvages lorsqu'il se rencontre à pourfuite des *Ours* & des *Bœufs* Sauvages, alors il semble qu'ils ne craigne personne, il s'élance avec fureur sur la bête qu'on poursuit. Les Sauvages disent que ce sont des *Manitous*, c'est-à-dire des esprits qui aiment les hommes, ce qui fait qu'ils les honnorent & les considerent à tels point qu'ils aimeroient mieux mourir que d'en tuer un seul.

Les *Castors blancs* sont fort estimez à cause de leur rareté. Quoique leur poil ne soit ni si grand ni si fin que celui des *Castors* qui sont les ordinaires. Il s'en trouve aussi peu de ces blancs que de parfaitement noirs.

Les Ours rougeâtres sont méchants, ils viennent effrontément attaquer les chasseurs, au lieu que les noirs s'enfuyent. Ces premiers sont plus petits & plus agiles que les derniers.

Les *Crocodiles* du *Missisipi* ne different en rien de ceux du Nil ou des autres endroits.

J'ai

J'ai vû celui d'Angoulême qui est de la même figure que ceux-ci, quoique plus petit. La manière la plus commune dont les Sauvages les prenent en vie c'est de leur jetter de grosses cordes d'écorce d'arbre à nœud coulant sur le col, sur le milieu du corps, dans les pattes &c. tellement qu'après être bien saisi, ils les enferment entre dix ou douze Piquets où ils les attachent après les avoir tourné le ventre en haut. En cette posture ils les écorchent sans toucher à la tête ni à la queuë, & leur donnent un habit d'écorce de sapin où ils mettent le feu en coupant les cordes qui les retiennent. Ils font des cris & des huriemens effroyables. Au reste les Sauvages sont très-souvent dévorez par ces animaux, soit en traversant les Rivières à la nage, ou s'endormant sur le bord. Voyez ce que dit l'Arioste de cét Animal dans l' 8. Octave de son 15. Chant.

Vive sub lito è dentro à la Riviera.
E i corpi Umani son le sue vivande.
De le persone misere è incaute.
Di viandanti è dinfelice naute.

Il faut être aussi fou que je le suis pour m'ériger en Poëte & Traducteur. N'importe, voici comment j'explique cette demi Octave ;

Il vit sur le Rivage & dedans la Rivière,
Il écrase les gens d'une dent meurtrière,
Il se nourrit des corps des pauvres Voyageurs,
Des malheureux Passants, & des Naviga-
    teurs.

Les *Offa* sont de petites bêtes comme des *Liévres*, leur ressemblant, assez à la reserve des oreilles & des pieds de derriere. Elles courent & ne grimpant point. Les femelles ont un sac sous le ventre où leurs petits entrent dès qu'ils sont poursuivis, afin de se sauver avec leur Mere qui d'abord ne manque pas de prendre la fuite.

Animaux Septentrionaux

Les Renards argentez sont faits comme ceux de l'Europe aussi-bien que les noirs Il s'en trouve peu de ces derniers, & lorsqu'on en peut prendre quelqu'un on est assuré de les vendre au poids de l'Or. C'est dans les Païs les plus froids qu'on en voit de cette espece.

Les *Ours blancs* sont moustrueux, extraordinairement longs; leur tête est effroyable, & leur poil fort grand & très-fourni. Ils sont si feroces qu'ils viennent hardiment attaquer une Chaloupe de sept ou huit hommes a la Mer. Ils nagent à ce qu'on prétend cinq ou six lieuës sans se lasser. Il vivent de Poisson & de coquillages sur le bord de la Mer d'où ils ne s'écartent guerres. Je n'en ai vû qu'un seul de ma vie dont j'aurois été devoré si je ne l'avois aperçû de loin, & si je n'eusse eu assez de tems pour me refugier au *Fort Loüis de Plaisance.*

Les *Ecureuils volants* sont de la grosseur d'un gros *Rat*, couleur de gris blanc : ils sont aussi endormis que ceux des autres especes sont éveillez : on les appelle volant, parce qu'ils volent d'un arbre à l'autre par le moyen d'une certaine peau qui s'étend

en-

en forme d'aile lorsqu'ils font ces petits Vols.

Les *Lièvres blancs* ne le sont que l'Hiver, car dès le Printems ils commencent à devenir gris; & peu à peu, ils reprennent la couleur de ceux de France qu'ils conservent jusqu'à la fin de l'automne.

Ecureuils Suisses, sont de petits animaux comme de petits Rats. On les appelle *Suisses*, parce qu'ils ont sur le corps un poil rayé de noir & de blanc, qui ressemble à un pourpoint de Suisse, & que ces mêmes rayes faisant un rond sur chaque cuisse ont beaucoup de raport à la calote d'un Suisse.

Les *grands Cerfs* ne sont pas plus grands ni plus gros que ceux que nous avons en *Europe*. On ne les appelle grands que parce qu'il y en a de deux autres especes différentes vers le Sud. Les petits ont la chair beaucoup plus délicate.

Les *Loups Marins*, que quelques uns appellent *Veaux Marins*, sont gros comme des dogues. Ils se tiennent quasi toûjours dans l'eau, ne s'écartant jamais du Rivage de la Mer. Ces animaux rampent plus qu'ils ne marchent, car s'étant élevez de l'eau, ils ne font plus que glisser sur le sable ou sur la vase; leur tête est faite comme celle d'une *Loutre*; & leurs pieds, sans jambes, sont comme la patte d'une *Oye*. Les femelles font leurs petits sur des rochers ou sur de petites Isles près de la Mer. Ces Animaux vivent de poisson, ils cherchent les Pays froids. La quantité en est surprenant aux environs de l'embouchure du *Fleuve de Saint Laurent.*

Je vous ai parlé des autres animaux de *Canada* dans mes Lettres. Je ne vous dis point la manière dont les Sauvages les prennent, car je n'aurois jamais fini. Ce qui est de certain c'est qu'ils vont rarement à la Chasse à faux, & qu'ils ne se servent de leurs Chiens que pour la Chasse des Orignaux, & quelques fois pour celle des Castors, comme je vous l'expliquerai au Chapitre des Chasses Sauvages.

Oiseaux des Païs Méridionaux de Canada.

Vautours.
Huards.
Cignes.
Oyes noires.
Canards noirs.
Plongeons. } tels qu'en *Europe.*
Poules d'eau.
Rualles.
Cocs d'inde.
Perdrix Rousses.
Faisans.
Gros aigles.
Gruës.
Merles. } tels qu'en *Europe.*
Grives.
Pigeons ramiers.
Perroquets.
Corbeaux.
Irondeles. } tels qu'en *Europe.*
Plusieurs sortes d'Oiseaux de Proye, inconnus en *Europe.*

ssignols, inconnus en *Europe*. aussi-bien
que d'autres petits *Oiseaux* de differentes couleurs, & entr'autres celui qu'on
appelle *Oiseau Mouche*, & quantité de *Pelli-
cans*.

*Oiseaux des Païs Septentrionaux du Cana-
da.*

Outardes. } telles qu'en *Europe*.
Oyes blanches. }
Canards de 10. ou 12. sortes.
Sarcelles.
Margots ou Mauves.
Grelans.
Stelets.
Perroquets de Mer.
Moyaques.
Cormarans.
Becasses. }
Becassines. }
Plongeons.
Pluviers. } comme en *Europe*.
Vaneaux.
Herons. }
Courbejoux. }
Chevaliers.
Bateurs de faux.
Perdrix blanches.
Grosses Perdrix noires.
Perdrix roussâtres.
Gelinotes de bois.
Tourterelles.
Ortolans blancs.

Etour-

Etourneaux. } tels qu'en *Europe*.
Corbeaux.
Vautours.
Epreviers.
Emerillons. } tels qu'en *Europe*.
Irondeles.
Becs de scie, espece de *Canard*.

Insectes qui se trouvent en Canada.

Couleuvres.
Aspics.
Serpents à sonnette.
Grenoüilles meuglantes.
Maringouins ou Cousins.
Taons.
Brulots.

Explication de ceux dont je n'ai pas fait mention dans mes Lettres.

Oiseaux du Païs Méridionaux.

LEs *Huards* sont des Oiseaux de Rivière gros comme des *Oyes*, & durs comme des ânes. Leur plumage est noir & blanc, leur bec est pointu; Ils ont le coû très-court: Ils ne font que plonger durant l'Eté, ne pouvant se servir de leurs aîles. Les Sauvages se font un divertissement de les forcer durant ce tems-là: Ils se mettent en sept ou huit Canots qui se dispersent pour obliger ces Oiseaux à replonger dès qu'ils veulent reprendre haleine. Les Sauvages m'ont donné plusieurs fois cet agreable amusement pendant les Voyages que j'ai fait avec eux.

Les

Les *Perdrix rousses* sont farouches, petites, & très-différentes des *Perdrix rouges* qu'on voit en *Europe*, aussi-bien que les *Faisans* dont le plumage blanc mêlé de taches noires, fait une bigarrure fort curieuse.

Les *Aigles* les plus gros qu'on voye ne le sont pas plus que les *Cignes*. Ils ont la queuë & la tête blanche, ils combattent souvent contre une espéce de *Vautours*, dont ils sont ordinairement vaincus; On voit assez fréquemment ce combat en voyageant: Il dure autant de tems que l'*Aigle* conserve la force de ses aîles.

Les *Pigeons ramiers* sont plus gros qu'en Europe; mais ils ne valent rien à manger. Ils sont hupez & leur tête est tout à fait belle.

Les *Perroquets* se trouvent chez les *Ilinois*, & sur le Fleuve de *Mississipi*: Ils sont très-petits, & n'ont rien de different de ceux qu'on apporte du *Brezil* & de *Cayene*.

L'espéce de *Rossignol* que j'ai vû est singuliére, en ce que cet Oiseau plus petit que ceux d'*Europe* est bleuâtre, que son chant est plus diversifié; qu'il se loge dans des trous d'arbre, & qu'ils se joignent ordinairement trois ou quatre sur les arbres les plus touffus pour y faire leur ramages ensemble.

L'*Oiseau Mouche* est un petit Oiseau gros comme le pouce, & son plumage de couleur si changeante, qu'à peine sçauroit-on lui en fixer aucune. Tantôt il paroît rouge, doré, bleu & vert, & il n'y a proprement

ment qu'en la lueur du Soleil qu'on ne voit point changer l'or & le rouge dont il est couvert. Son bec est comme une aiguille, il vole de fleur en fleur comme les *Abeiles* pour en sucer la séve en voltigeant. Il se perche pourtant quelquefois vers le Midi sur de petites branches de Pruniers ou de Cerisier. J'en ai envoyé en France de morts, (car il est comme impossible d'en garder en vie) on les a trouvez fort curieux.

Il y a des *Canards* de dix ou douze sortes. Ceux qu'on appelle *Branchus*, quoi que petits sont les plus beaux ; ils ont le plumage du coû si éclatant par la varieté & le vif des couleurs, qu'une fourrure de cette espéce n'auroit point de prix en Moscovie ou en Turquie. On les appelle *Branchus*, parce qu'ils se posent sur les branches d'arbre. Il y en a d'une autre espéce, noirs comme du geay, qui ont le bec & le tour des yeux rouges.

Les *Margots Goelans Sterlets*, sont des Oiseaux qui volent incessamment sur les Mers, les Lacs & les Riviéres, pour prendre de petits Poissons, ils ne valent rien a manger ; outre qu'ils n'ont quasi point de corps, quoi qu'ils paroissent gros homme des *Pigeons*.

Les *Perroquets de Mer* portent le nom de Perroquet, parce qu'ils ont le bec fait comme ceux de terre ; Ils ne quittent jamais la Mer, ni ses rivages ; ils volent incessamment sur la surface des eaux pour attraper de petits Poissons : Ils sont noirs

& gros comme des Poulardes ; Il y en a quantité sur le *Banc de Terre-Neuve* & près des Côtes ; les Matelots les prennent avec des hameçons couverts de soye de Moruës qu'ils suspendent à la prouë du Vaisseau.

Les *Moyaques* sont des Oiseaux gros comme des Oyes ; ils ont le coû court & le pied large ; ce qui est surprenant, c'est que leurs œufs qui sont la moitié plus gros que ceux des *Cignes*, n'ont quasi que du jaune, qui est si épais qu'on est obligé d'y mettre de l'eau pour en faire des omelettes.

Les *Perdrix blanches* sont de la grosseur de nos *Perdrix rouges* ; leurs pieds sont couverts d'un duvet si épais, qu'ils ressemblent à ceux d'un Lapereau ; on n'en voit que durant l'Hiver ; il y a des années qu'il n'en paroît presque point, d'autres au contraire en sont si fécondes, que ces Oiseaux ne valent que dix sols la douzaine. Cet animal est le plus stupide du Monde, il se laisse assommer à corps de gaule sur la nége sans se donner aucun mouvement, je croi que ce grand étourdissement vient du grand vol qu'il fait de *Groenland* en *Canada*. Cette conjecture n'est point sans fondement, car on remarque que ces Oiseaux ne viennent en troupes qu'après une longue durée des vents de Nord ou de Nord-Est.

Les *Perdrix noirs* sont tout à fait belles ; elles sont plus grosses que les nôtres ; elles ont le bec, le tour des yeux & les pieds rouges ; leur plumage est d'un noir très-bien lustré. D'ailleurs ces Oiseaux sont fiers

fiers, & semblent sentir en marchant leur beauté. Il est vrai qu'ils sont assez rares, aussi bien que les *Perdrix roussâtres* qui ressemblent aux *Cailles* en grosseur & en vivacité.

Les *Ortolans* ne paroissent en *Canada* que l'Hiver ; mais je ne crois pas que ce soit la couleur naturelle de leur plumage. Il y a de l'aparence qu'ils la reprennent en quelque lieux qu'ils aillent. Pendant l'Eté, on en prend quantité aux environs des granges avec des filets qu'on tend sur de la paille ; ils sont assez bons quand ils sont gras, ce qui se trouvent rarement.

Insectes.

Les *Couleuvres* en *Canada*, ne font point de mal. Les *Aspics* sont dangereux, lorsqu'on se baigne dans les eaux croupies vers les Païs Méridionaux. Les *Serpents à Sonete* s'appellent ainsi, parce qu'ils ont au bout de la queuë une espece d'étui où sont enfermez certains osselets qui font un bruit, lorsque ces insectes rampent, qu'on entend de trente pas. Ils fuyent dès qu'ils entendent marcher ; & dorment pour l'ordinaire au Soleil, dans les prez où dans les bois clairs : ils ne piquent que lorsqu'on met le pied sur eux.

Les *Grenouilles meuglantes* sont ainsi appellées parce qu'elles imitent le meuglement d'un bœuf : elles sont deux fois plus grosses qu'en *Europe*. Les *Taons* sont des

Mouches une fois plus grosses que les *Abeilles*, mais de la figure d'une Mouche ordinaire. Elles ne piquent que depuis le Midi jusqu'à trois heures ; mais si violamment que le sang en coule. Il est vrai que ce n'est qu'en certaines Rivieres où on en trouve.

Les *Brulots* sont des especes de *Cirons* qui s'attachent si fort à la peau qu'il semble que leur piqueure soit un charbon ou une étincelle de feu. Ces petits animaux sont imperceptibles & pourtant en assez grand nombre.

Poisson du Fleuve Saint Laurent, depuis son emboucheure jusqu'au Lacs de Canada.

Balenots.
Souffleurs.
Marsoins blancs.
Saumons, comme en *Europe*.
Anguilles.
Maquereaux, comme en *Europe*.
Harangs.
Gasparots.
Bar.
Aloses. } comme en *Europe*.
Moruës.
Plies.
Eperlans.
Turbots. } comme en *Europe*.
Brochets.
Poissons dorez.

Rougets.
Lamproyes.
Merlans.   } comme en *Europe*.
Rayes.
Congres.
Vaches marines.

Coquillage.

Houmars.
Ecrevisses.
Petoncles.
Moules.

Poissons des sacs & des Rivières qui se déchargent dedans.

Eturgeons.
Poissons armez.
Truite.
Poissons blanc.
Espece de Harans.
Anguilles.
Barbuës.
Mulets.
Carpes.
Cabot.   } comme en *Europe*..
Goujons.

Poissons du Fleuve Mississipi.

Brochets, comme en *Europe*.
Carpes.
Tranches.   ⎫
Perches.   ⎬ comme en *Europe*.
Barbuës & plusieurs autres inconnus en Europe.

Explication de ceux dont je n'ai pas fait mention dans mes Lettres.

LE *Balenot* est une espece de *Baleine*, mais plus petit & plus charnu, ne rendant point d'huile à proportion des *Baleines* du Nord. Ces poissons entrent dans le Fleuve jusqu'à cinquante ou soixante lieuës en avant. *Ceux du Fleuve jusqu'aux Lacs.*

Les *Soufleurs* sont à peu près de la même grosseur, mais plus courts & plus noirs; ils jettent l'eau de même que les *Baleines* par un trou qu'ils ont derriere la tête, lorsqu'ils veulent reprendre haleine aprés avoir plongé, ceux-ci suivent ordinairement les Vaisseaux dans le *Fleuve Saint Laurent*.

Les *Marsoins blancs* sont gros comme des *Bœufs*. Ils suivent toûjours le cours de l'eau. Ils montent avec la marées jusqu'à ce qu'ils trouvent l'eau douce, aprés quoi ils s'en rétournent avec le refus. Ils sont fort hideux : on en prend souvent devant *Quebec*.

Les *Gasperots* sont de petits Poissons à peu près de la figure d'un Harang. Ils s'aprochent de la côte pendant l'Eté, en si grand nombre que les pêcheurs de *Moruës* en piquent autant qu'il leur faut pour servir d'appas à leur pêche. Ils se servent aussi de Harans lorsque la saison oblige ces derniers Poissons de donner à la cote pour frayer. Au reste, tous les Poissons qui sont d'usage pour l'ameçon ou pour faire mordre les moruës s'appellent *Boëte* en terme de pêche.

Les *Poissons* dorez sont délicats. Ils ont environ 15. pouces de longueur. Leur écaille est jaune, & ils sont fort estimez.

Les *Vaches Marines* sont des especes de marsouins; elles surpassent en grosseur des Bœufs de Normandie. Elles ont des especes de pates feuilletées comme des Oyes, la tête comme un *Loutre*, & les dents de neuf pouces de longueur, & deux d'épaisseur. C'est l'ivoire le plus estimé : on prétend qu'elles s'écartent du Rivage vers les endroits sablonaux & marécageux.

Il y a aussi des *Houmars* dont l'espece ne me paroît differer en rien de ceux que nous avons en Europe.

Les *Pétoncles* sont comme on les voit sur les côtes de France, excepté qu'ils sont plus gros, d'un goût plus agréable, mais d'une chair plus indigeste.

Les *Moucles* y sont d'une grosseur extraordinaire & d'un bon goût, mais il est comme impossible d'en pouvoir manger sans se casser les dents, à cause des *Perles* dont elles sont remplies : je dis perles, mais ce font plûtôt des graviers par raport à leur peu de valeur, car j'en aportai à *Paris* cinquante ou foixante des plus groſſes & des plus belles qu'on n'eſtime qu'un ſol la piéce. Cependant on avoit caſſé plus de deux mille *Moules* pour les trouver.

Les *Eturgeons* des Lacs ont communément cinq ou ſix pieds de longueur. J'en ai vû un de dix, & un autre de douze. On les prend avec les filets durant l'hiver & avec le Harpon durant l'Eté. On prétend qu'il a certaines chairs dans la tête, qui ont le goût du Bœuf, du mouton & du veau ; mais aprés en avoir goûté pluſieurs fois, je n'ai jamais rencontré ces raports prétendus, & j'ai traité cela de pure chimére.

Le *Poiſſon-armé* eſt de trois pieds & demi de longueur ou environ ; il a des écailles ſi fortes & ſi dures qu'il eſt impoſſible qu'aucun autre poiſſon puiſſe l'offenser ; ſes ennemis font les *Truites* & les *Brochets*, mais il fait très-bien ſe défendre contre leur attaque par le moyen de ſon bec pointu qui a un pied de longueur, & qui eſt auſſi dur que ſa peau. Il eſt délicat, & ſa chair eſt auſſi ferme que blanche.

Les *Barbuës* des Lacs ont un pied de longueur, mais elles ſont tout à fait groſſes : on les appelle *Barbuës* à cauſe de certaines barbes pendantes le long du muſeau qui ſont groſſes comme des grains de bled. Celles du *Miſſiſipi* ſont monſtreuſes, les unes & les autres ſe prennent auſſi bien à l'ameçon qu'au filet, & la chair en eſt aſſez bonne.

Les *Carpes* du Fleuve de *Mississipi* sont aussi d'une grosseur extraordinaire, & d'un fort bon goût. Elles sont faites comme les nôtres. L'Automne elles s'aprochent du Rivage & se laissent prendre facilement au filet.

Les plus grosses *Truites* des Lacs ont cinq pieds & demi de longueur, & un pied de diametre, elles ont la chair rouge. On les prend avec de gros ameçons attachez à des branches de fil d'archal.

Les Poissons des Lacs sont meilleurs que ceux de la Mer & des Riviéres, sur tout les *Poissons blancs*, qui surpassent toutes les autres especes en bonté & en délicatesse. Les Sauvages qui habitent sur les bords de ces petites Mers douces, préferent le bouillon de Poisson à celui de viande losqu'ils sont malades. Ils se fondent sur l'experience. Les François au contraire, trouvent que les bouillons de *Chevreuil* ou de *Cerfs* ont plus de substance & sont plus restaurants.

Il y a une infinité d'autre petits Poissons dans les Riviéres de *Canada* qu'on ne connoit point en *Europe* : ceux des eaux du Septentrion sont differens de ceux du côté du Midi ; ceux qu'on pêche dans la *Riviere longue*, laquelle se décharge dans le Fleuve de *Mississipi* sentent si fort la vase & la bourbe qu'il est impossible d'en manger. Il en faut excepter certaines petites truites que les Sauvages pêchent dans quelques Lacs aux environs, qui sont un mets assez passable.

Les Rivieres des *Otentats* & des *Missouris* produisent des poissons y extraordinaires par leur figure qu'on ne sçauroit en faire au juste la description, il faudroit les voir dessinez sur le papier. Ces Poissons sont d'assez mauvais goût; cependant les Sauvages en font grand cas; mais cela vient je crois, de ce qu'ils n'en connoissent pas de meilleurs.

Arbres & Fruits des Païs Méridionaux de Canada.

Haîtres.
Chênes rouges. } comme en *Europe.*
Merisiers.
Erables.
Frênes.
Ormeaux. } comme en *Europe.*
Fouteaux.
Tillets.
Noyers de deux sortes.
Châtagniers.
Pommiers.
Poiriers.
Pruniers.
Cerisiers.
Noisetiers, comme en *Europe.*
Ceps de Vigne.
Espece de Citron.
Melon d'eau.
Citroüilles douces.
Groiselles sauvages.
Pignons de Pin, comme en *Europe.*
Tabac, comme en *Espagne.*

Arbres

Arbre & Fruits des Païs Septentrionaux de Canada.

Chênes blancs.
Chênes rouges.   } comme en *Europe*.
Bouleau.
Merisiers.
Erables.
Pins.
Epinetes.
Sapis de trois sortes.
Peruffe.
Cedres.
Trembles.
Bois blancs.
Aulnes.
Capillaire.
Fraises.
Framboises.
Groiselles.
Bluets.

Explication.

IL faut remarquer que tous les bois de Canada, sont d'une bonne nature. Ceux qui sont exposez aux vents de Nord, sont sujets à geler. Comme il paroît par une espéce de roulure que la gelée fait gerçer.

Le *Merisier* est un bois dur, son écorce est grise, le bois en est blanchâtre. Il y en a de gros comme des Barriques & de la hauteur des *Chênes* les plus élevez. Cet arbre est droit. Il a la feüille ovale, on s'en s'en sert à faire des poutres, des soliveaux & autres ouvrages de charpente.

Les *Erables* sont à peu près de la même hauteur & grosseur, avec cette difference que leur écorce est brune & le bois roussâtre. Ils n'ont aucun raport à ceux d'Europe. Ceux dont je parle ont une séve admirable, & telle qu'il n'y a point de Limonade, ni d'Eau de Cerise qui ait si bon goût, ni de breuvage au monde qui soit plus salutaire. Pour en tirer cette liqueur on taille l'arbre deux pouces en avant dans le bois, & cette taille qui a dix ou douze pouces de longueur est faite de biais; au bas de cette coupe a enchassé un coûteau dans l'arbre aussi de biais, tellement que l'eau coulant le long de cette taille comme dans une goûtiere, & rencontrant le coûteau qui la traverse, elle coule le long de ce coûteau sous lequel on a le soin de mettre des vases pour la contenir. Tel arbre en peut rendre cinq ou six bouteilles par jour, & tel habitant en *Canada* en pourroit ramasser vint Bariques du matin au soir, s'il vouloit entailler tous les *Erables* de son Habitation. Cette couppe ne porte aucun dommage à l'arbre. On fait de cette séve du Sucre & du Sirop si precieux qu'on n'a jamais trouvé de reméde plus propre à fortifier la poitrine. Peu de gens ont la patience d'en faire, car comme on n'estimoit jamais les choses communes & ordinaires, il n'y a guérres que les enfans qui se donnent la peine d'entailler ces arbres. Au reste, les *Erables* des Pays Septententrionaux ont plus de séve que ceux des Parties Méridionales, mais cette séve n'a pas tant de douceur.

Il y a des *Noyers* de deux sortes, les uns donnent des noix rondes, les autres longues, mais ces fruits ne valent rien, non plus que les *Chataignes* sauvages qu'on trouve du côté des *Ilinois*.

Les *Pommes* qui croissent sur certains *Pommiers* sont bonnes cuites, & ne valent rien cruës. Il est vrai que dans le *Mississipi* on en trouve d'une espece à peu près du goût des *Pommes d'api*. Les Poires sont bonnes, mais rares.

Les *Cerises* ne sont pas de bon goût ; elles sont petites & rouges au dernier point. Les *Chevreuils* s'en accommodent pourtant, & ils ne manquent gueres de se trouver toutes les nuits durant l'Eté sous les *Cerisiers*, & sur tout lors qu'il vente fort.

Il y a de trois especes de *Prunes* admirables. Elles n'ont rien d'approchant des nôtres à l'égard de la figure & de la couleur. Il y en a de longues & menuës, de rondes & grosses, & d'autres tout à fait petites.

Les *Ceps de Vigne* embrassent les arbres jusques au sommet ; si bien qu'il semble que les grapes soient la véritable production de ces arbres, tant les branches en sont couvertes. En certains Païs le grain est petit & d'un très-bon goût, mais vers le *Mississipi* la grape est longue & grosse, & le grain de même ; On en a fait du vin qui après avoir long-tems cuvé s'est trouvé

vé de la même douceur que celui des *Canaries*, & noir comme de l'ancre.

Les *Citrons* sont des fruits ainsi appellez, parce qu'ils en ont seulement la figure. Ils n'ont qu'une peau, au lieu d'écorce. Ils croissent d'une plante qui s'éleve jusqu'à trois pieds de hauteur, & tout ce qu'elles produit se peut reduire à trois ou quatre de ces prétendus Citrons. Ce fruit est aussi salutaire que sa racine est dangereuse ; & autant l'un est sain, autant l'autre est un subtil & mortel poison lors qu'on en boit le suc. Etant au Fort de *Frontenac* dans l'année 1684. j'ai vû une *Iroquoise* qui résoluë de suivre son Mari, que la mort venoit de lui enlever, prit de ce funeste bruvage, après avoir, selon la formalité ordinaire de ces pauvres aveugles, dit adieu à ses amis & chanté la chanson de mort. Le poison ne tarda gueres à produire son effet, car cette Veuve qu'on regarderoit avec justice en Europe comme un miracle de constance & de fidélité, n'eût pas plûtôt avalé le jus meurtrier, qu'elle eût deux ou trois frissonnemens & mourut.

Les *Melons d'eau* que les *Espagnols* appellent *Melons d'Alger*, sont ronds & gros comme une poule, il y en a de rouges & de blancs ; les pepins sont larges, noirs ou rouges. Ils ne different en rien pour le goût de ceux d'*Espagne* & de *Portugal*.

Les *Citroüilles* de ce Païs-ci sont douces & d'une autre nature que celle de l'*Europe*, où plusieurs personnes m'ont assuré, que celles-ci ne sçauroient croître. Elles
sont

sont de la grosseur de nos *Melons* ; la chair en est jaune comme du *Saffran* ; On les fait cuire ordinairement dans le four, mais elles sont meilleures sous les cendres, à la manière des Sauvages ; elles ont presque le même goût que la *marmelade de Pommes* ; mais elles sont plus douces. On peut en manger tant que l'appetit le peut permettre, sans craindre d'en être incommodé.

Les *Groseilles sauvages* ne vallent rien que confites ; mais on ne s'amuse guéres à faire ces sortes de confitures ; car le sucre est trop cher en *Canada* pour ne le pas mieux employer.

Des Païs Septentrionaux.

LEs *Bouleaux de Canada* sont très-differens de ceux qu'on trouve en quelques Provinces de *France*, tant en qualité qu'en grosseur. Les Sauvages se servent de leur écorce pour faire des Canots. Il y en a de blanche & de rouge. L'une & l'autre sont également propres à cela. Celle qui a le moins de veines & de crevasses, est la meilleure ; mais la rouge est la plus belle & de plus d'apparence. On fait de petites Corbeilles de jeunes *Bouleaux* qui sont recherchez en France ; On en peut faire aussi des Livres dont les feüilles sont aussi fines que du papier. Je le sçai par expérience, m'en étant servi très-souvent pour écrire des Journaux de mes Voyages, faute de papier. Au reste, je me souviens d'avoir vû en certaine Bibliotheque de France un Manuscrit de l'Evangile de *Saint Matthieu* en langue Gréque sur ces mêmes écorces, & ce qui me parut surprenant, c'est qu'on me dit qu'il étoit écrit depuis mille & tant d'années : Cependant, j'oserois jurer que c'est de l'écorce véritable des *Bouleaux* de la *Nouvelle France*, qui, selon toutes les apparences, n'étoit pas encore découverte.

Les *Pins* sont extremement hauts, droits & gros : on s'en sert à faire des matures. Les flutes du Roi en transportent souvent en France. On prétend qu'il y en a d'assez grands pour mater d'une seule piece les Vaisseaux du premier rang.

Les *Epinetes* sont des especes de *Pin* dont la feüille est plus pointuë & plus grosse ; On s'en sert pour la charpente, la matiére qui en découle est d'une odeur qui égale celle de l'encens.

Il y a trois sortes de *Sapins* dont on se sert à faire des planches, par le moyen de certains moulins que les marchands de *Quebec* ont fait construire en quelques endroits.

La *Perusse* seroit tout-à-fait propre à bâtir des Vaisseaux. Cet arbre est le plus propres de tous les bois verds pour cet usage ; parce qu'il est plus serré, que ses pores sont plus condensez, & qu'ils s'imbibe moins que les autres.

Il y a deux sortes de *Cedres*, des blancs & des rouges ; il faut en être bien près pour distinguer l'un d'avec l'autre, parce que l'écorce en est presque semblable. Ces arbre sont bas, toufus, pleins de branches,

ches, & a de petites feüilles semblables à des fers de Lacet. Le bois en est presque aussi leger que le liege. Les Sauvages s'en servent à faire les clisses & les varangues de leurs Canots. Le rouge est tout-à-fait curieux, on en peut faire de trés-beaux meubles qui conservent toûjours une odeur *agréable*.

Les *Trembles* sont de petits arbrisseaux qui croissent sur le bord des étans, & des riviéres & des Païs aquatiques & marécageux. Ce bois est le mets ordinaires des Castors qui à l'exemple des fourmis, ont le soin d'en faire un amas durant l'Automne aux environs de leurs cabanes, pour vivre lorsque sa glace les retient en prison durant l'hiver.

Le *Bois blanc* est un arbre moyen qui n'est ni trop gros ni trop petit. Il est presque aussi leger que le *Cedre*, & aussi facile à mettre en œuvre : les habitans de *Canada* s'en servent à faire de petits Canots pour pêcher & pour traverser les rivieres.

Le *Capilaire* est aussi commun dans les bois de *Canada* que la fougére dans ceux de France. Il est estimé meilleur que celui des autres Pays. On en fait quantité de Sirop à *Quebec* pour envoyer à *Paris*, à *Nantes*, à *Roüen* & en plusieurs autres Villes du Royaume.

Les *Fraises* & les *Framboises* sont en grande abondance. Elles sont d'un fort bon goût : On y trouve aussi des *Grozeilles* blanches, mais elles ne valent rien que pour faire une espéce de vinaigre qui est trés-fort.

Les

Les *Bluets* sont de certains petits grains comme de petites cerises, mais noirs & tout-à-fait ronds. La plante qui les produit est de la grandeur des Framboisiers. On s'en sert à plusieurs usages lorsqu'on les a fait sécher au Soleil ou dans le four. On en fait des confitures, on en met dans les tourtes & dans de l'eau de vie. Les sauvages du Nord en font une moisson durant l'été, qui leur est d'un grand secours, & sur tout lorsque la chasse leur manque.

Commerce de Canada en général.

Voici en peu de mots & en général ce que c'est que le Commerce de *Canada* dont il me souvient vous avoir déja mandé quelque chose dans mes Lettres. Les *Normands* sont les premiers qui ayent entrepris ce commerce; & les embarquements s'en faisoient au *Havre de Grace* ou à *Dieppe*; mais les *Rochelois* leur ont succedé, car les Vaisseaux de la *Rochelle* fournissent les marchandises nécessaires aux habitans de ce Continent. Il y en a cependant quelques-uns de *Bordeaux* & de *Bajone* qui y portent des vins, des eaux de vie, du Tabac & du fer.

Les Vaisseaux qui partent de *France* pour ce païs-là ne payent aucun droit de sortie pour leur Cargaison, non plus que d'entrée lorsqu'ils arrivent à *Quebec*, à la reserve du Tabac de Brezil qui paye cinq sols par Livre, c'est-à-dire qu'un rouleau de quatre cens livres pesant doit 170. Francs d'entrée au bureau des fermiers. Les autres Marchandises ne payent rien.

La plûpart des Vaisseaux qui vont chargez en *Canada* s'en retournent à vuide à la *Rochelle*, ou ailleurs. Quelques-uns chargent des poids lorsqu'ils sont à bon marché dans la Colonie ; d'autres prennent des planches & des madriers. Il y en a qui vont charger du Charbon de terre à l'Isle du *Cap Breton*, pour le porter ensuite aux Iles de la *Martinique* & de *Gardeloupe*, où il s'en consume beaucoup aux rafineries des sucres. Mais ceux qui sont recommandez aux principaux marchands du Païs ou à leur appartiennent, trouvent un bon fret de peleteries, sur quoi ils profitent beaucoup. J'ai veu quelques Navires, lesquels après avoir déchargé leurs marchandises à *Quebec* alloient à *Plaisance* charger des moruës qu'on y achetoit argent comtant. Il y a quelquefois à gagner, mais le plus souvent à perdre. Le Sieur *Samuel Bernon* de la *Rochelle* est celui qui fait le plus grand Commerce de ce Païs-là. Il a des magasins à *Quebec* d'où les marchands des autres Villes tirent les marchandises qui leur conviennent. Ce n'est pas qu'il n'y ait des marchands assez riches & qui équipent en leur propre des Vaisseaux qui vont & viennent de *Canada* en France. Ceux-ci ont leurs Corespondants à la *Rochelle* qui envoyent & reçoivent tous les ans les cargaisons de ces Navires.

Il n'y a d'autre différence entre les Corsaires qui courent les Mers, & les marchands de *Canada* si ce n'est que les premiers s'enrichissent quelque fois tout d'un coup par une bonne prise, & que les derniers ne font leur fortune qu'en cinq ou six ans de Commerce sans exposer leurs vies. J'ay connu vint petits Merciers qui n'avoient que mille écus de Capital, lorsque j'arrivai à *Quebec* en 1683. qui lorsque j'en suis parti avoient profité de plus de douze mille écus. Il est seur qu'ils gagnent cinquante pour cent sur toutes les marchandises en général, soit qu'ils les achetent à l'arrivée des Vaisseaux ou qu'ils les fassent venir de France par commission, & il y a de certaines galanteries, comme des rubans, des dentelles, des dorures, des tabatieres, des montres, & mille autres bijoux ou quinquailleries sur lesquelles ils profitent jusqu'à cent ou cent cinquante pour cent, tout frais faits.

La Barrique de vin de *Bordeaux* contenant 250. bouteilles y vaut en tems de paix 40. livres monnoye de France ou environ, & 60. en tems de guerre; celle d'eau de vie de *Nantes* ou de *Bayone* 88. ou 100. livres. La bouteille de vin dans les Cabarets vaut 6. sous de France, & celle d'eau de vie 20. sous. A l'égard des marchandises seches, elles valent tantôt plus & tantôt moins. Le Tabac de Brezil vaut 40. sous la Livre en détail, & 35. en gros, & le sucre vingt sous pour le moins; & quelquefois 25. ou 30.

Les premiers Vaisseaux partent ordinairerement de *France* à la fin d'Avril ou au commencement de Mai ; mais il me semble qu'ils feroient des traverses une fois plus courtes, s'ils partoient à la mi-Mars & qu'ils rengeassent ensuite les Iles des *Açores* du côté du Nord, car les vents de Sud & de Sud-Est régnent ordinairement en ces parages depuis le commencement d'Avril jusqu'à la fin de Mai. J'en ai parlé souvent aux meilleurs Pilotes, mais ils disent que la crainte de certains rochers, ne permet pas qu'on suive cette route. Cependant ces pretendus rochers ne paroissent que sur les Cartes. J'ai lû quelques Descriptions des Portes, des Rades & des Côtes de ces Iles & des Mers circonvoisines, faites par des *Portugais* qui ne font aucune mention des écueils qu'on remarque sur toutes ces cartes ; au contraire ils disent que les côtes de ces Iles sont fort saines, & qu'à plus de vint lieuës au large on n'a jamais eu de connoissance de ces rochers imaginaires.

Dès que les Vaisseaux de *France* sont arrivez à *Quebec*, les Marchands de cette Ville qui ont leur commis dans les autres Villes, font charger leurs Barques de Marchandises pour les y transporter. Ceux qui font pour leur propre compte aux *Trois Rivières* ou à *Monreal* descendent eux-mêmes à *Quebec* pour y faire leur amplete, ensuite ils fretent des Barques pour transporter ces effets chez eux. S'ils font les payements en peleteries ; ils ont meilleur marché de ce qu'ils achetent que s'ils payoient en argent ou en lettre de change, parce que le vendeur fait un profit considérable sur les peaux à son retour en *France*. Or il faut remarquer que toutes ces peaux leurs viennent des habitans ou des sauvages, sur lesquelles ils gagnent considérablement. Par exemple qu'un habitant des environs de *Quebec* porte une douzaine de *Martres*, cinq ou six *Renards*, & autant de *Chats Sauvages* à vendre chez un marchand, pour avoir du drap, de la toile, des armes, des munitions &c. un échange de ces peaux, voila un double profit pour le marchand ; l'un parce qu'il ne paye ces peaux que la moitié de ce qu'il les vend ensuite en gros aux commis des Vaisseaux de la *Rochelle* : l'autre par l'évaluation exorbitante des marchandises qu'il donne en payement à ce pauvre habitant ; après cela faut-il s'étonner que la profession de ces négotiants soit meilleure que tant d'autres qu'on voit dans le monde. Je vous ai parlé dans ma septiéme & huitiéme Lettre du Commerce particulier de ce païs-là, & sur tout de celui qu'on fait avec les Sauvages, dont on tire les *Castors* & les autres Pelleteries ; ainsi il ne me reste plus qu'à marquer les marchandises qui leur sont propres, & les peaux qu'ils donnent en échange avec leur juste valeur.

Des fusils courts & legers.
De la poudre.
Des bales & du menu plomb.
Des haches, grande & petites.

Des

Des couteaux à gaine.
Des lames d'épée pour faire des dards.
Des chaudieres, de toutes grandeur.
Des aleines de cordonnier.
Des ameçons, de toutes grandeurs.
Des batefeu, & pierre à fusils.
Des Capots, de petite Serge bleuë.
Des chemises de toile commune de Bretagne.
Des bas d'estame courts & gros.
Du Tabac de Bresil.
Du gros fil blanc pour des filets.
Du fil à coudre de diverses couleurs.
De la ficelle ou fil à rets.
Vermillon, couleur de tuile.
Des aiguilles grandes & petites.
De la Conterie de Venise ou vasade.
Quelques fers de flêches, mais peu.
Quelque peu de savon.
Quelques sabres.
Mais l'eau de vie est de bonne vente.

Noms des Peaux qu'ils donnent en échange, avec leur valeur.

Des Castors d'Hiver, appellez *Moscoue*, qui valent la livre au Magasin des Fermiers Généraux.	4. l. 10. s.
Castor gras, qui est celui à qui le long poil est tombé pendant que les Sauvages s'en sont servis.	5. l.
Castor veule, c'est-à-dire pris en Automne.	3. l. 10. s.
Castor sec, ou ordinaire.	3. l.

Castor

DE L'AMERIQUE.

Castor d'Eté, c'est-à-dire, pris en Eté.	3. l.
Castor blanc n'a point de prix, non plus que les Renards bien noirs.	
Les Renards argentez.	4. l.
Les Renards ordinaire, bien conditionnez.	2. l.
Les Martres ordinaires,	1. l.
Les plus belles.	4. l.
Les peaux de Loutres rousses & rases.	2. l.
Les Loutres d'Hiver & brunes. ou plus.	4. l. 10. s.
Les Ours noirs, les plus beaux	7. l.
Les peaux d'Elan sans être passées, c'est-à-dire en vert, valent la livre environ.	12. s.
Celles des Cerfs, la livre, environ	8. s.
Les Peckans, Chats Sauvages ou enfans du Diable.	1. l. 15. s.
Les Loups Marins. ou plus.	1. l. 15. s.
Les Foutereaux, Fouïnes & Belettes.	10. s.
Les Rats musquez.	6. s.
Leurs Testicules.	5. s.
Les Loups.	2. l. 10. s.
Les peaux blanches d'Orignaux, c'est-à-dire, passées par les Sauvages valent.	8. l. ou plus
Celles de Cerf.	5. l. au plus
Celles de Caribou.	6. l.
Celles de Chevreüil.	3. l.

Au

Au reste, il faut remarquer que ces peaux sont quelquefois cheres, & d'autres fois au prix où je les mets ; Cependant cela ne difére qu'à quelque bagatelle de plus ou de moins.

Du Gouvernement de Canada en général.

Les Gouvernemens Politique, Civil, Ecclesiastique & Militaire, ne sont pour ainsi dire qu'une même chose en Canada, puis que les Gouverneurs Généraux les plus rusez ont soûmis leur autorité à celles des Ecclesiastiques. Ceux qui n'ont pas voulu prendre ce parti, s'en sont trouvez si mal qu'on les a rappellez heureusement. J'en pourrois citer, plusieurs qui pour n'avoir pas voulu adherer aux sentimens de l'Evêque & des Jesuites, & n'avoir pas remis leur pouvoir entre les mains de ces irfaillibles personnages ont été destituez de leurs emplois, & traitez ensuite à la Cour comme des étourdis & comme des broullons. Mr. de *Frontenac* est un des derniers qui a eu ce fâcheux sort ; il se brouilla avec Mr. *Duchesnau* Intendant de ce Païs-là, qui se voyant protegé du Clergé, insulta de guet à pend cet illustre Général, lequel eut le malheur de succomber sous le faix d'une Ligue, Ecclesiastique, par les ressorts, qu'elle fit mouvoir contre tout principe d'honneur & de conscience.

Les Gouverneurs Généraux qui veulent profiter de l'occasion de s'avancer ou de
thesau-

thesauriser, entendent deux Messes par jour & sont obligez de se confesser une fois en vingt-quatre heures. Ils ont des Ecclesiastiques à leurs trousses qui les accompagnent par tout, & qui sont à proprement parler leurs Conseillers. Alors les Intendans, les Gouverneurs particuliers, & le Conseil Souverain n'oseroient mordre sur leur conduite; quoi qu'ils en eussent assez de sujet, par rapport aux malversations qu'ils font sous la protection des Ecclesiastiques, qui les mettent à l'abri de toutes les accusations qu'on pourroit faire contre eux.

Le Gouverneur Général de *Quebec*, a vingt mille écus d'appointement annuel, y comprenant la paye de la Compagnie de ses Gardes & le Gouvernement particulier du Fort, outre cela les Fermiers du Castor lui font encore mille écus de present. D'ailleurs ses vins & toutes les autres provisions qu'on lui porte de France ne payent aucun fret; sans compter qu'il retire pour le moins autant d'argent du Païs par son sçavoir faire. L'Intendant en a dix-huit mille; mais Dieu sçait ce qu'il peut aquerir par d'autres voyes: Cependant, je ne veux pas toucher cette corde là, de peur qu'on ne me mette au nombre de ces médisans, qui disent trop sincérement la verité. L'Evêque tire si peu de revenu de son Evêché, que si le Roi n'avoit eu la bonté d'y joindre quelques autres Bénéfices situez en France, ce Prélat seroit aussi maigre chere que cent autres de son caractere dans le Royaume de *Naples*. Le Major de *Quebec* a six cens écus par an. Le Gouverneur des *trois Rivieres* en a mille, & & celui du *Monreal* deux mille. Les Capitaines des Troupes cent vingt livres par mois. Les Lieutenans quatre-vingt-dix livres, les Lieutenans Réformez cinquante, les Sous Lieutenans quarante, & le Soldat six sols par jour, monnoye du Païs.

Le Peuple a beaucoup de confiance aux Gens l'Eglise en ce Païs-là, comme ailleurs. On y est dévot en apparence ; car on n'oseroit avoir manqué aux grandes Messes, ni aux Sermons, sans excuse légitime. C'est pourtant durant ce tems-là, que les femmes & les filles se donnent carriére, dans l'assurance que les Meres ou les Maris sont occupez dans les Eglises. On nomme les gens par leur nom à la prédication, on défend sous peine d'excommunication la lecture des Romans & des Comedies, aussi-bien que les masques, les jeux d'Ombres & de Lansquenet. Les Jesuites & les Recolets s'accordent aussi peu que les Molinistes & les Jansenistes. Les premiers prétendent que les derniers n'ont aucun droit de confesser. Relisez ma huitiéme Lettre, & vous verrez le zele indiscret des Ecclesiastiques. Le Gouverneur Général a la disposition des Emplois militaires. Il donne les Compagnies, les Lieutenances & les Sous-Lieutenances, à qui bon lui semble, sous le bon plaisir de sa Majesté ; mais il ne lui est pas permis de disposer des Gouvernemens particuliers, des

Lieu-

Lieutenances de Roi, ni des Majoritez de Places. Il a de même le pouvoir d'accorder aux Nobles, comme aux Habitans, des Terres & des établissemens dans toute l'étenduë du *Canada* ; mais ces concessions se font conjointement avec l'Intendant. Il peut aussi donner vingt-cinq congez ou permissions par an, à ceux qu'il juge à propos pour aller en traite chez les Nations Sauvages de ce grand Païs. Il a le droit de suspendre l'execution des Sentences envers les Criminels ; & par ce retardement il peut aisément obtenir leur grace, s'il veut s'intéresser en faveur de ces malheureux : mais il ne sçauroit disposer de l'argent du Roi, sans le consentement de l'Intendant, qui seul a le pouvoir de le faire sortir des coffres du Tresorier de la Marine.

Le Gouverneur Général ne peut se dispenser de se servir des Jesuites pour faire des Traitez avec les Gouverneurs de la *Nouvelle Angleterre* & de la *Nouvelle York*, non plus qu'avec les *Iroquois*. Je ne sçai si c'est par rapport au conseil judicieux de ces bons Péres, qui connoissent parfaitement le Païs & les véritables interêts du Roi, ou si c'est à cause qu'ils parlent & entendent à merveille les langues de tant de Peuples differens, dont les interêts sont tout à fait opposez ; ou si ce n'est point par la condescendance & la soumission qu'on est obligé d'avoir pour ces dignes Compagnons du Sauveur.

Les Conseillers qui composent le Conseil

seil Souverain de Canada, ne peuvent vendre, donner, ni laisser leurs Charges à leurs Héritiers ou autres sans le consentement du Roi, quoi qu'elles vaillent moins qu'une simple Lieutenance d'Infanterie. Ils ont coûtume de consulter les Prêtres ou les Jésuites lors qu'il s'agit de rendre des Jugemens sur des affaires délicates ; mais lors qu'il s'agit de quelque cause qui concerne les interêts de ces bons Peres, s'ils la perdent, il faut que leur droit soit si mauvais, que le plus subtil & le plus rusé Jurisconsulte ne puisse lui donner un bon tour. Plusieurs personnes m'ont assuré que les Jésuites faisoient un grand Commerce de Marchandises *d'Europe* & de Pelleteries de *Canada*, mais j'ai de la peine à le croire, ou si cela est, il faut qu'ils ayent des Correspondans, des Commis & des Facteurs aussi secrets & aussi fins qu'eux-mêmes, ce qui ne sçauroit être.

Les Gentilhommes de ce Païs-là ont bien des mesures à garder avec les Ecclesiastiques, pour le bien & le mal qu'ils en peuvent recevoir indirectement. L'Evêque & les Jésuites ont assez d'ascendant sur l'esprit de la plûpart des Gouverneurs Généraux pour procurer des emplois aux enfans des Nobles qui sont devouez à leur très-humble service, ou pour leur obtenir de ces Congez, dont je vous ai parlé dans ma huitième Lettre. Ils peuvent aussi fortement s'interésser à l'établissement des filles de ces mêmes Nobles, en leur faisant trouver des partis avantageux: Un

simple

simple Curé doit être ménagé, car il peut faire du bien & du mal aux Gentilshommes, dans les Seigneuries desquels ils ne sont, pour ainsi dire, que Missionnaires, n'y ayant point de Curés fixes en *Canada*, ce qui est un abus qu'on devroit reformer. Les Officiers doivent aussi tâcher d'entretenir une bonne correspondance avec les Ecclésiastiques, sans quoi il est impossible qu'ils puissent se soutenir. Il faut non-seulement que leur conduite soit régulière, mais encore celle de leurs Soldats, en empêchant les désordres qu'ils pourroient faire dans leurs Quartiers.

Les Troupes sont ordinairement en quartier chez les Habitans des Côtes ou Seigneuries de *Canada*, depuis le mois d'Octobre jusqu'à celui de Mai. L'Habitant qui ne fournit simplement que l'ustancille à son Soldat, l'employe ordinairement à couper du bois, à déraciner des souches, à défricher des terres, ou à battre du bled dans les granges durant tout ce tems-là, moyennant dix sols par jour outre sa nourriture. Le Capitaine y trouve aussi son compte, car pour obliger les Soldats à lui céder la moitié de leur paye, il les contraint de venir trois fois la semaine chez lui pour faire l'exercice. Or comme les Habitations sont éloignées de quatre ou cinq arpens les unes des autres, & qu'une Côte occupe deux ou trois lieuës de terrain de front, ils aiment bien mieux s'accorder avec lui, que de faire si souvent tant de chemin dans les néges & dans les boües.

bouës. Alors *volenti non fit injuria*, voilà le prétexte du Capitaine. A l'égard des Soldats qui ont de bons métiers, il est assuré de profiter de leur paye entiere en vertu d'un Congé qu'il leur donne pour aller travailler dans les Villes ou ailleurs. Au reste, presque tous les Officiers en général se marient en ce Païs-là, mais Dieu sçait les beaux Mariages qu'ils font, en prenant des filles qui portent en dot onze écus, un Cocq, une Poule, un Bœuf, une Vache, & quelquefois aussi le Veau, comme j'en ai vû plusieurs de qui les Amans, aprés avoir nié le fait, & aprés avoir prouvé devant les Juges la mauvaise conduite de leur Maîtresse, ont été forcez malgré toute leur résistance, moitié figure moitié raison, par la persuasion des Ecclesiastiques d'avaler la pilule, en épousant les filles en question. Il y en a quelques-uns à la verité qui ont trouvé de bons Partis, mais ils sont rares. Or ce qui fait qu'on se marie facilement en ce Païs-là, c'est la difficulté de pouvoir converser avec les personnes de l'autre Sexe. Il faut se déclarer aux Peres & Meres au bout de quatre visites qu'on fait à leurs filles ; il faut parler de mariage ou cesser tout commerce, sinon la médisance attaque les uns & les autres comme il faut. On ne sçauroit voir les femmes, sans qu'on n'en parle desavantageusement & qu'on ne traite les Maris de commodes : enfin il faut lire, boire ou dormir pour passer le tems en ce Païs-là. Cependant il s'y fait des intrigues mais c'est avec autant de circonspection qu'en *Espagne*, où la vertu des Dames ne consiste qu'à sçavoir bien cacher leur jeu.

A propos de Mariage il faut que je vous compte l'avanture plaisante d'un jeune Capitaine qu'on vouloit marier malgré lui, parce que tous ses camarades l'étoient. Il arriva que cet Officier ayant rendu quelques visites à la fille d'un Conseiller, on voulut le faire expliquer, & même Mr. *de Frontenac*, comme parain de la Demoiselle qui est assurement la plus acomplie de son siecle, fit tout ce qu'il pût au Monde pour engager l'Officier à l'épouser. Celui-ci trouvant la table de ce Gouverneur autant à son goût que la compagnie de celle qui s'y trouvoit assez souvent, résolut pour se tirer d'affaires, de demander du tems pour y penser. On lui accorda deux mois ; aprés quoi voulant allonger la courroïe il en souhaita encore deux, que l'Evêque lui fit donner. Cependant le dernier étant expiré au grand regret du Cavalier qui jouïssoit du plaisir de la bonne chere & de la vûë de sa Demoiselle, fut obligé de se trouver à un grand festin que Mr. de *Nelson*, Gentilhomme Anglois (dont j'ai parlé en ma 25. Lettre) voulut donner aux futurs Epoux, au Gouverneur, à l'Intendant, à Mr. l'Evêque, & à quelques personnes de considération ; & comme ce généreux Anglois étoit ami du Pere & des Freres de la Demoiselle par des raisons de commerce, il offroit mille écus le jour des nôces, qui joints à mille que l'Evêque donnoit, & mille autres qu'elle avoit de son patrimoine avec sept ou huit mille que M. *de Frontenac* offroit en congez, sans compter un avancement infaillible, faisoient un mariage assez avantageux pour le Cavalier. Le repas étant fini, on le pressa de signer le contrat, mais il répondit qu'ayant bû quelques rasades d'un vin fumeux, son esprit n'étoit pas assez libre pour juger des conditions qui y étoient insérées, de sorte qu'on fut obligé de remetre la partie au lendemain. Ce retardement fut cause qu'il garda la chambre jusqu'à ce que Mr. *de Frontenac*, chez qui il avoit accoutumé de manger l'envoya querir, afin de s'expliquer avec lui sur le champ. Or il n'y avoit point d'apparence de trouver aucun pretexte legitime, il s'agissoit de répondre définitivement à ce Gouverneur, qui lui parla en terme précis, lui faisant connoître la bonté qu'on avoit eu de lui donner tant de tems pour y penser ; mais l'Officier lui répondit en propres termes, que tout homme qui peut être capable de se marier après y avoir songé quatre mois, étoit un fou à lier. Je voi dit-il, que je le suis, l'empressement que j'ai d'aller à l'Eglise avec Mademoiselle *D**** me convainc de ma folie : si vous avez de l'estime pour elle, ne permettez pas qu'elle épouse un Cavalier si prompt à faire des extravagances, pour moi je vous déclare, Monsieur, que le peu de raison & de jugement libre qui me restent encore me serviront à me consoler de ma perte que je fais d'elle, & à me repentir de l'avoir voulu rendre

aussi

aussi malheureuse que moi. Ce discours surprit l'Evêque, le Gouverneur, l'entendant, & généralement tous les autres Officiers mariez, lesquels eussent été ravis que celui-ci eût donné dans le paneau à leur exemple, tant il est vrai que *consolatio miseris est socios habere pares*. On ne s'attendoit à rien moins qu'à ce dédit, aussi mal en prit à ce pauvre Capitaine reformé ; Mr. *de Frontenac* lui fit une injustice assez grande quelque tems aprés, en donnant une Compagnie vaquante au neveu de Madame *de Pontchartrain*, à son préjudice, malgré les ordres de la Cour, ce qui l'obligea de passer en France avec moi en 1692.

Pour reprendre le fil de ma narration vous sçaurez que les *Canadiens* ou *Creoles* sont bien faits, robustes, grands, forts, vigoureux, entreprenans, braves & infatigables, il ne leur manque que la connoissance des belles Lettres. Ils sont presomptueux & remplis d'eux-mêmes, s'estimant au dessus de toutes les Nations de la Terre, & par malheur ils n'ont pas toute la vénération qu'ils devroient avoir pour leur parens. Le sang de *Canada* est fort beau, les femmes y sont generalement belles, les brunes y sont rares, les sages y sont communes ; & les paresseuses y sont en assez grand nombre ; elles aiment le luxe au dernier point, & c'est à qui mieux prendra les maris au piege.

Il y auroit de grands abus à reformer en *Canada*. Il faudroit commencer par celui d'empêcher les Ecclesiastiques de faire des visites

visites si fréquentes chez les Habitans, dont ils exigent mal à propos la connoissance des affaires de leurs familles jusqu'au moindre détail, ce qui peut être assez souvent contraire au bien de la societé par des raisons que vous n'ignorez pas. Secondement, défendre à l'Officier de ne pas retenir la paye de ses Soldats ; & d'avoir le soin de leur faire faire le maniment des armes les Fêtes & les Dimanches. Troisiémement, taxer les Marchandises à un prix assez raisonnable, pour que le Marchand y trouvât son compte & son profit, sans écorcher les Habitans & les Sauvages. Quatriémement, défendre le transport de France en *Canada*, des brocards, des galons, & rubans d'or ou d'argent & des dentelles de haut prix. Cinquiémement, ordonner aux Gouverneurs Généraux de ne pas vendre de congez pour aller en traite chez les Sauvages des grands Lacs. Sixiémement, établir des Cures fixes. Septiémement, former & discipliner les milices pour s'en servir dans l'occasion aussi utilement que des troupes. Huitiémement, établir les Manufactures de toiles, d'etoffes, &c. Mais la principale chose seroit d'empêcher que les Gouverneurs, les Intendans, le Conseil Souverain, l'Evêque & les Jesuites ne se partageant en faction, & ne cabalassent les uns contre les autres ; car les suites ne peuvent être que prejudiciables au service du Roi, & au repos public. Aprés cela ce Païs-là vaudroit la moitié plus que ce qu'il vaut à présent.

Je suis surpris qu'au lieu de faire sortir de France les Protestans qui passant chez nos ennemis, ont causé tant de dommage au Royaume par l'argent qu'ils ont aporté dans leurs Païs, & par les Manufactures qu'ils y ont établi, on ne les ait pas envoyez en *Canada*. Je suis persuadé que si on leur avoit donné de bonnes assurances pour la liberté de conscience, il y en a quantité qui n'auroient pas fait difficulté de s'y établir. Quelques personnes m'ont répondu à ce sujet que le remede eût été pire que le mal, puisqu'ils n'auroient pas manqué tôt ou tard d'en chasser les Catholiques par le secours des *Anglois*; mais je leur ai fait entendre que les *Grecs* & les *Armeniens* sujets du *Grand Seigneur*, quoique de Nation & de Religion differente de celles des *Turcs*, n'ayant presque jamais imploré l'assistance des Puissances étrangeres pour se rebeller & secoüer le joug, on avoit plus de raison de croire que les *Huguenots* auroient toûjours conservé la fidelité duë à leur Souverain. Quoiqu'il en soit, je parle à peu près comme ce Roi *d'Aragon* qui se vantoit d'avoir pû donner de bons conseils à Dieu pour la simetrie & le cours des Astres s'il eût daigné le consulter. Je dis aussi que si le Conseil d'Etat eut suivi les miens, la nouvelle France auroit été dans trente ou quarante ans un Royaume plus beau & plus florissant que plusieurs autres de l'Europe.

Interêt des François & des Anglois de l'Amerique Septentrionale.

Comme la *Nouvelle France* & la *Nouvelle Angleterre* ne subsistent que par les pêches de *Moruës*, & par le Commerce de toutes sortes de Pelleteries : il est de l'interêt de ces deux Colonies, de tâcher d'augmenter le nombre de Vaisseaux qui servent à cette pêche, & d'encourager les Sauvages à chasser des Castors, en leur fournissant les armes & les munitions dont ils ont besoin. Tout le monde sçait que la *Moruës* est d'une grande consomation dans tous les païs Meridionaux de *l'Europe*, & qu'il y a peu de marchandise de plus prompt ni de meilleur debit, sur tout lorsqu'elle est bonne & bien conditionnée.

Ceux qui prétendent que la destruction des *Iroquois* seroit avantageuse aux Colonies de la *Nouvelle France*, ne connoissent pas les veritables interêts de ce païs-là, puisque si cela étoit les Sauvages qui sont aujourd'hui les amis des *François* seroient alors leurs plus grands ennemis, n'en ayant plus à craindre d'autres. Ils ne manqueroient pas d'appeller les *Anglois*, à cause du bon marché de leurs Marchandises, dont ils font plus d'état que des nôtres : ensuite tout le Commerce de ce grand Païs seroit perdu pour nous.

Il seroit donc de l'interêt des *François* que les *Iroquois* fussent affoiblis, mais non
pas

pas totalement défaits ; il est vrai qu'ils sont aujourd'hui trop puissans, ils égorgent tous les jours nos Sauvages alliez. Leur but est de faire perir toutes les Nations qu'ils connoissent, quelque éloignées qu'elles puissent être de leur païs. Il faudroit tâcher de les réduire à la moitié de ce qu'ils sont, s'il étoit possible, mais on ne s'y prend pas comme il faut : il y a plus de trente ans que leurs anciens ne cessent de remontrer aux Guerriers des cinq Nations, qu'il est expedient de se défaire de tous les peuples sauvages de *Canada*, afin de ruiner le Commerce des *François*, & de les chasser ensuite de ce Continent ; c'est la raison qui leur fait porter la guerre jusqu'à quatre ou cinq cent lieuës de leur Païs, après avoir détruit plusieurs Nations differentes en divers lieux, comme je vous l'ai déja expliqué.

Il seroit assez facile au *François* d'attirer les *Iroquois*, dans leur parti, de les empêcher de tourmenter leurs Alliez, & de faire en même tems avec quatre *Nations Iroquoises*, tout le commerce qu'elles font avec les Anglois de la *Nouvelle York*. Cela se pourroit aisément executer moyenant dix mille écus par an qu'il en coûteroit au Roi : voici comment. Il faudroit premiérement rétablir au *Fort Frontenac* les Barques qui y étoient autrefois, afin de transporter aux Riviéres des *Tsonontoüans* & des *Onnontaguès* les Marchandises qui leur sont propres, & ne leur vendre que ce qu'elles auroient coûté en France ; cela n'iroit tout au plus

qu'à

qu'à dix mille écus de transport. Sur ce pied-là, je suis persuadé que les *Iroquois* ne seroient pas si fous de porter un seul Castor chez les *Anglois* par quatre raisons : la première, parce qu'au lieu de soixante ou quatre-vint lieuës qu'ils feroient obligez de les transporter sur leur dos à la *Nouvelle York*, ils n'en auroient que sept ou huit à faire de leurs Villages jusqu'aux Rives du *Lac de Frontenac* ; la deuxiéme qu'étant impossible aux *Anglois* de leur donner des Marchandises à si bon marché, sans y perdre considerablement, il n'y a point de negociant qui ne renonçât à ce commerce. La troisiéme consiste en la difficulté de subsister dans le chemin de leurs Villages à la *Nouvelle York*, y allant en grand nombre crainte de surprise, car j'ai déja dit en plusieurs endroits que les bêtes fauves manquent en leurs Païs. La quatriéme c'est qu'en s'écartant de leurs Villages pour aller si loin, ils exposent leurs femmes, leurs enfans & leurs vieillards en proye à leurs ennemis, qui pendant ce tems-là peuvent les tuer ou les enlever comme il est arrivé déja deux fois. Il faudroit outre cela leur faire des presens toutes les années, en les exhortant à laisser vivre paisiblement nos Sauvages Alliez, lesquels sont assez sots de se faire la guerre entre eux, au lieu de se liguer contre les *Iroquois* qui sont les Ennemis les plus redoutables qu'ils ayent à craindre ; en un mot il faudroit mettre en execution le projet d'entreprise dont je vous ai parlé en ma 23. Lettre.

C'est

C'est une sottise de dire que ces Barbares dépendent des *Anglois*; cela est si peu vrai que quand ils vont troquer leurs Pelleteries à la *Nouvelle York*, ils ont l'audace de taxer eux-mêmes les Marchandises dont ils ont besoin, lorsque les Marchands les veulent vendre trop cher. J'ai déja dit plusieurs fois qu'ils ne les considérent que par raport au besoin qu'ils en ont, qu'ils ne les traitent de fréres & d'amis que par cette seule raison, & que si les François leur donnoient à meilleur marché les nécessitez de la vie, les armes & la munition &c. ils n'irois pas souvent aux Colonies *Angloises*. Voilà une des principales affaires à quoi l'on devroit songer; car si cela étoit ils se donneroient bien garde d'insulter nos Sauvages amis & Alliez non plus que nous. Les Gouverneurs généraux de *Canada* devroient employer les habilles gens du Païs qui connoissent nos Peuples confederez, pour les obliger à vivre en bon intelligence, sans se faire la guerre les uns aux autres; car la plûpart des Nations du Sud se détruisent insensiblement, ce qui fait un vrai plaisir aux *Iroquois*. Il seroit facile d'y mettre ordre en les menaçant de ne plus porter de Marchandises à leurs Villages. Il faudroit outre cela tâcher d'engager deux ou trois Nations de demeurer ensemble, comme sont les *Outaouas* & les *Hurons* ou les *Sakis* & les *Pouteouatamis* (appellez *Puants*.) Si tous ces Peuples nos confederez étoient d'accord & que leurs démelez cessassent, ils ne s'occuperoient plus si ce n'est n'est à chasser des Castors, ce qui rendroit le Commerce plus abondant; & d'ailleurs ils seroient en état de se liguer ensemble, lors que les *Iroquois* se mettroient en devoir d'attaquer les uns ou les autres.

L'intérêt des *Anglois* est de leur persuader que les *François* ne tendent qu'à les perdre, qu'ils n'ont autre chose en vûë que de les détruire lors qu'ils en trouveront l'occasion; que plus le *Canada* se peuplera & plus ils auront sujet de craindre; qu'ils doivent bien se garder de faire aucun Commerce avec eux, de peur d'être trahis par toutes sortes de voyes; qu'il est de la derniére importance de ne pas souffrir que le Fort *de Frontenac* se rétablisse, non plus que les Barques, puis qu'en vingt-quatre heures on pourroit faire des descentes au pied de leurs Villages, pour enlever leurs Vieillards, leurs femmes & leurs enfans pendant qu'ils seroient occupez à faire leurs Chasse de Castors durant l'Hiver; qu'il est de leur intérêt de leur faire la guerre de tems en tems, ravageant les Côtes & les Habitations de la tête du Pays, afin d'obliger les Habitans d'abandonner le Pays, & dégoûter en même tems ceux qui auroient envie de quitter la *France* pour s'établir en *Canada*, & qu'en tems de Paix il leur est de consequence d'arrêter les Coureur de bois aux Cataractes de la Riviére des *Outaouas* pour confisquer les armes & munitions de guerre qu'ils portent aux Sauvages des Lacs.

Il faudroit aussi que les *Anglois* engageas-
sent

sens les *Tsonontouans* ou les *Goyogoins* s'aller établir vers l'embouchure de la *Riviére de Condé* sur le bord du *Lac Errié*, & qu'en même tems ils y construisissent un Fort & des Barques longues ou Brigantins, ce poste seroit le plus avantageux & le plus propre de tous ces Païs-là, par une infinité de raisons que je suis obligé de taire. Outre ce Fort, ils en dévroient faire un autre à l'embouchure de la *Riviére des François*, alors il est constant qu'il seroit de toute impossibilité aux Coureurs de bois de jamais remettre le pied dans les Lacs.

Il est encore de leur intérêt d'attirer à leur parti des Sauvages de *l'Acadie*; ils le peuvent faire avec peu de dépense; ceux de la *Nouvelle Angleterre* devroient y songer, aussi-bien que de fortifier les Ports où ils pêche les *Moruës*. A l'égard des équipemens de Flotes pour enlever des Colonies, je ne leur conseillerois pas d'en faire; car supposé qu'ils fussent assurez du succès de leurs entreprises, il n'y a que quelques Places, dont ont pourroit dire que le jeu vaudroit la chandelle.

Je conclus & finis en disant que les *Anglois* de ces Colonies ne se donnent pas assez de mouvement, ils sont un peu trop indolents; les Coureurs de bois *François* sont plus entreprenants qu'eux, & les *Canadiens* sont assurément plus actifs & plus vigilants. Il faudroit donc que ceux de la *Nouvelle York* tâchassent d'augmenter leur Commerce de Pelleteries, en faisant des entreprises bien concertées, & que ceux de la

Nou-

Nouvelle Angleterre s'efforçaffent à rendre la Pêche des Moruës plus profitable à cette Colonie, en s'y prenant de la maniére que bien d'autres gens feroient, s'ils étoient auffi-bien fituez qu'eux. Je ne parle point des Limites de la Nouvelle France & de la Nouvelle Angleterre, puis que jufqu'à prefent elles n'ont jamais été bien réglées, quoi qu'il femble qu'en plufieurs Traitez de Paix entre ces deux Royaumes, les bornes ayent été comme marquées en certains Lieux. Quoi qu'il en foit, la décifion en eft délicate pour un homme qui n'en fçauroit parler, fans s'attirer de méchantes affaires.

Habits, Logemens, Complexion & tempérament des Sauvages.

Les Chronologiftes Grecs qui ont divifé les tems en ἄδηλον. Ce qui eft caché μυθικὸν, & ἡρωικὸν. Ce qui eft fabuleux Ἱϛορικόν. Ce qu'ils ont eu pour véritable, fe feroient bien pû paffer d'écrire cent rêveries fur l'Origine des Peuples de la Terre, puis que l'ufage de l'Ecriture leur étant inconnu durant le Siége de Troye, il faut qu'ils s'en foient rapportez aux Manufcrits fabuleux des Egyptiens & des Chaldéens, gens vifionnaires & fuperftitieux. Or fuppofons que ceux-ci foient les Inventeurs de cette Ecriture, comment pourra-t-on ajoûter foi à tout ce qu'ils difent disent être arrivé avant qu'ils eussent trouvé cette invention. Apparemment ils n'étoient ni plus éclairez, ni plus sçavans Chronologistes que les Ameriquains, de sorte que sur ce pied-là ils auroient été fort embarrassez à raconter fidélement les Avantures & les Faits de leurs Ancêtres. Je suis maintenant convaincu que la Tradition est trop suspecte, inconstante, obscure, incertaine, trompeuse & vague, pour se fier à elle; J'ai l'obligation de cette idée aux Sauvages de *Canada*, qui ne sçachant rapporter au vrai ce qui s'est passé dans leurs Païs il y a deux cens ans, me font révoquer en doute la pureté & l'incorruptibilité de la Tradition. Il est aisé de juger, sur ce principe, que ces pauvres Peuples sçavent aussi peu leur Histoire & leur Origine, que les Grecs & les Chaldéens ont sçû la leur. Contentons-nous donc, Monsieur, de croire qu'ils sont descendus comme vous & moi, du bon homme Adam; *Ignaras Hominum suspendunt numina mentes.*

J'ai lû quelques Histoires de *Canada* que des Religieux ont écrit en divers tems. Ils ont fait quelques descriptions assez simples & exactes des Païs qui leur étoient connus. Mais ils se sont grossiérement trompez dans le recit qu'ils font des mœurs, des maniéres, &c. des Sauvages. Les Recolets les traitent de gens stupides, grossiers, rustiques incapables de penser & de refléchir à quoi que ce soit. Les Jesuites tiennent un langage très-différent, car ils sousoûtiennent qu'ils ont du bon sens, de la mémoire, de la vivacité d'esprit, mêlée d'un bon jugement. Les premiers disent qu'il est inutile de passer son tems à prêcher l'Evangile à des gens moins éclairez que les Animaux. Les seconds prétendent au contraire, que ces Sauvages se font un plaisir d'écouter la Parole de Dieu, & qu'ils entendent l'Ecriture avec beaucoup de facilité. Je sçai les raisons qui font parler ainsi les uns & les autres ; elles sont assez connuës aux personnes qui sçavent que ces deux Ordres de Religieux ne s'accordent pas trop bien en *Canada*. J'ai déja vû tant de Relations pleines d'absurditez, quoi que les Auteurs passassent pour des Saints, qu'à present je commence à croire que toute Histoire est un Pyrrhonisme perpétuel. Si je n'avois pas entendu la langue des Sauvages, j'aurois pû croire tout ce qu'on a écrit à leur égard, mais depuis que j'ai raisonné avec ces Peuples, je me suis entiérement desabusé, connoissant que les Recolets & les Jesuites se sont contentez d'effleurer certaines choses, sans parler de la grande opposition qu'ils ont trouvé de la part de ces Sauvages à leur faire entendre les véritez du Christianisme. Les uns & les autres se sont bien gardez de toucher à cette corde-là par de bonnes raisons. Je vous avertis que je ne parle seulement que des Sauvages de *Canada*, sans y comprendre ceux qui habitent au delà du Fleuve de *Missisipi*, dont je n'ai pû connoître les mœurs & les maniéres comme il faut,

parce

parce que leurs langues me sont inconnuës, & que d'ailleurs, le tems ne m'a pas permis de faire un assez long séjour dans leur Païs. J'ay dit en mon Journal du Voyage de la *Riviére Longue*, qu'ils étoient extrémement polis, il est facile d'en juger par les circonstances que vous avez dû remarquer.

Ceux qui ont depeint les *Sauvages* velus comme des Ours, n'en avoient jamais vû, car il ne leur paroît ni poil, ni barbe, en nul endroit du corps, non plus qu'aux femmes, qui n'en ont pas même sous les aisselles, s'il en faut croire les gens qui doivent le sçavoir mieux que moi. Ils sont généralement droits, bien faits, de belle taille, & mieux proportionnez pour les Amériquaines, que pour les Européenes; les *Iroquois* sont plus grands, plus vaillans & plus rusez que les autres Peuples. Mais moins agiles & moins adroits, tant à la guerre qu'à la chasse, où ils ne vont jamais qu'en grand nombre. Les *Ilinois*, les *Oumamis*, les *Outagamis* & quelques autres Nations sont d'une taille médiocre, courant comme des lévriers, s'il m'est permis de faire cette comparaison. Les *Outaouas* & la plûpart des autres Sauvages du Nord (à la reserve des *Santeurs* & des *Clistinos*) sont des poltrons, laids & malfaits. Les *Hurons* sont braves, entreprenans & spirituels, ils ressemblent aux *Iroquois* de taille & de visage.

Les *Sauvages* sont tous sanguins, & de couleur presque olivâtre, & leurs visages sont beaux en général, aussi-bien que leur taille. Il est trés-rare d'en voir de boiteux, de borgnes, de bossus, d'aveugles, de muets, &c. Ils ont les yeux gros & noirs de même que les cheveux, les dents blanches comme l'ivoire, & l'air qui sort de leur bouche est aussi pur que celui qu'ils respirent, quoi qu'ils ne mangent presque jamais de pain, ce qui prouve qu'on se trompe en *Europe* lors qu'on croit que la viande sans pain rend l'haleine forte. Ils ne sont ni si forts, ni vigoureux que la plûpart de nos François, en ce qui regarde la force du Corps pour porter de grosses charges, ni celles des bras pour lever un fardeau & le charger sur le dos. Mais en récompense, ils sont infatigables, endurcis au mal, bravant le froid & le chaud sans en être incommodez ; étant toûjours en exercice, courant deçà & delà, soit à la Chasse, ou à la Pêche, toûjours dansant, & joüant à de certains jeux de Pelotes, où les jambes sont assez nécessaires.

Les femmes sont de la taille qui passe la médiocre, belles autant qu'on le puisse imaginer, mais si mal faites si grasses & si pesantes, qu'elles ne peuvent tenter que des Sauvages. Elles portent leurs cheveux roulez derriére le dos avec une espéce de ruban, & ce rouleau leur pend jusqu'à la ceinture ; elles ne les coupent jamais, les laissant croître pendant toute leur vie sans y toucher, au lieu que les hommes les coupent tous les mois. Il seroit à souhaiter qu'ils suivissent les autres avis de S. Paul

par

par le même hazard qu'ils suivent celui-là. Elles sont couvertes depuis le coû jusqu'au dessous du genoüil, croisant leurs jambes lors qu'elles s'asséent. Les filles le font pareillement dès le berceau : je me sers de ce terme de berceau mal à propos, car ils ne sont pas connus parmi les Sauvages. Les meres se servent de certaines petites planches rembourrées de coton, sur lesquelles il semble que leurs enfans ayent le dos colé ; d'ailleurs ils sont emmaillotez à nôtre maniere, avec des langes soûtenus par de petites bandes passées dans les trous qu'on fait à côté de ces planches. Elles y attachent aûssi des cordes pour suspendre leurs enfans à des branches d'arbres, lors qu'elles ont quelque chose à faire, dans le tems qu'elles sont au bois. Les Vieillards & les hommes mariez ont une piéce d'étoffe qui leur couvre le derriére & la moitié des cuisses par devant, au lieu que les jeunes gens sont nuds comme la main. Ils disent que la nudité ne choque la bienséance que par l'usage, & par l'idée que les Européens ont attaché à cét état. Cependant, les uns & les autres portent négligeamment une couverture de peau ou d'écarlate sur leur dos, lors qu'ils sortent de leurs Cabanes pour se promener dans le Village, ou faire des Visites. Ils portent des Capots, selon la saison, lors qu'ils vont à la guerre ou à la Chasse, tant pour se parer du froid durant l'Hiver, que des moucherons pendant l'Eté. Ils se servent alors de certains Bonnets de la figure ou de

la

la forme d'un Chapeau, & des Souliers de peau d'Elan ou de Cerf qui leurs montent jusqu'à mi-jambe. Leurs Villages sont fortifiez de doubles palissades d'un bois très-dur, grosses comme la cuisse, de 15. pieds de hauteur avec de petits quarrez au milieu des Courtines. Leurs Cabanes ont ordinairement 80. pieds de longueur, 25. ou 30. de largeur & 20. de hauteur. Elles sont couvertes d'écorce d'Ormeau, ou de bois blanc. On voit deux estrades l'une à droit & l'autre à gauche, de neuf pieds de largeur, & d'un pied d'élevation. Ils font leurs feux entre ces deux estrades, & la fumée sort par des ouvertures faites sur le sommet de ces Cabanes. On voit de petits Cabinets ménagez le long de ces estrades, dans lesquels les filles ou les gens mariez ont coûtume de coucher sur de petits lits élevez d'un pied tout au plus. Au reste, trois ou quatre, familles demeurent dans une même Cabane.

Les Sauvages sont fort sains & exempts de quantité de maladies dont nous sommes attaquez en Europe, comme de Paralisie, d'hidropisie, de goute, d'éthisie, d'asme, de gravelle & de pierre. Ils sont sujets à la petite verole & aux pleuresies. Quand un homme meurt à l'âge de soixante ans, ils disent qu'il est mort jeune, parce qu'ils vivent ordinairement quatre-vingt jusqu'à cent ans, & même j'en ai vû deux qui alloient beaucoup au delà. Cependant, il s'en trouve qui ne poussent pas si loin par leur propre faute, car ils s'em-
poiso

poisonnent quelquefois, comme je vous l'expliquerai ailleurs; il semble qu'ils suivent assez bien en cette occasion les maximes de Zenon & des Stoïciens, qui soûtiennent qu'il est permis de se donner la mort; d'où je conclus qu'ils sont aussi foûs que ces grands Philosophes.

Mœurs & Manieres des Sauvages.

LEs Sauvages ne connoissent ni tien, ni mien, car on peut dire que ce qui est à l'un est à l'autre. Lors qu'un Sauvage n'a pas réussi à la Chasse des Castors, les Confréres le secourent sans en être priez. Si son fusil se creve ou se casse, chacun d'eux s'empresse à lui en offrir un autre. Si ses enfans sont pris ou tuez par les ennemis, on lui donne autant d'esclaves qu'il en a besoin pour le faire subsister. Il n'y a que ceux qui sont Chrétiens, & qui demeurent aux portes de nos Villes, chez qui l'argent soit en usage. Les autres ne veulent ni le manier, ni même le voir, ils l'appellent le Serpent des François. Ils disent qu'on se tuë, qu'on se pille, qu'on se diffame, qu'on se vend, & qu'on se trahît parmi nous pour de l'argent; que les Maris vendent leurs femmes, & les Meres leurs filles pour ce métal. Ils trouvent étrange que les uns ayent plus de bien que les autres, & que ceux qui en ont le plus sont estimez davantage que ceux qui en ont le moins. Enfin, ils disent que le titre de Sauvages, dont nous les qualifions, nous conviendront mieux que celui d'hommes, puis qui n'y a rien moins que de l'homme sage dans toutes nos actions.

Tome II. E Ceux

Ceux qui ont été en France m'ont souvent tourmenté sur tous les maux qu'ils y ont vû faire, & sur les desordres qui se commettent dans nos Villes, pour de l'argent. On a beau leur donner des raisons pour leur faire connoître que la proprieté de biens est utile au maintien de la Societé; ils se moquent de tout ce qu'on peut dire sur cela. Au reste, ils ne se querellent, ni ne se battent, ni ne se volent, & ne médisent jamais les uns des autres. Ils se moquent des Sciences & des Arts, ils se raillent de la grande subordination qu'ils remarquent parmi nous. Ils nous traitent d'esclaves, ils disent que nous sommes des misérables dont la vie ne tient à rien, que nous nous dégradons de nôtre condition, en nous réduisant à la servitude d'un seul homme qui peut tout, & qui n'a d'autre loi que sa volonté; que nous nous battons & nous querellons incessamment, que les enfans se moquent de leurs peres, que nous ne sommes jamais d'accord, que nous nous emprisonnons les uns & les autres; & que même nous nous détruisons en public. Ils s'estiment au delà de tout ce qu'on peut s'imaginer, & alléguent pour toute raison qu'ils sont aussi grands maîtres les uns que les autres, parce que les hommes étant pêtris du même limon, il ne doit point y avoir distinction, ni de supordination entre eux. Ils prétendent que leur contentement d'esprit surpasse de beaucoup nos richesses; que toutes nos Sciences ne valent pas celle de sçavoir passer la vie dans ne tranquillité parfaite ; qu'un homme n'est homme chez nous qu'autant qu'il est riche. Mais que parmi eux, il faut pour être homme avoir le talent de bien courir, chasser, pêcher, tirer un coup de fleche & de fufil, conduire un Canot, sçavoir faire la guerre, connoître les Forêts, vivre de peu, conftruire des Cabanes, couper des arbres, & sçavoir faire cent lieuës dans les Bois sans autre guide ni provision que son arc & ses flêches. Ils disent encore que nous sommes des trompeurs qui leur vendons de très-mauvaises Marchandises quatre fois plus qu'elles ne valent, en échange de leurs *Caftors* ; Que nos fufils crevent à tout moment & les eftropient, aprés les avoir bien payez. Je voudrois avoir le tems de vous raconter toutes les sottises qu'ils disent touchant nos manieres, il y auroit dequoi m'occuper dix ou douze jours.

Ils ne mangent que du rôti & du boüilli, avalant quantité de boüillons de viande & de poisson. Ils ne peuvent souffrir le goût du sel, ni des épiceries : ils font surpris que nous puiflions vivre trente ans, à caufe de nos vins ; de nos épiceries & de l'usage immoderé des femmes. Ils dînent ordinairement quarante ou cinquante de compagnie, & quelquefois ils font plus de trois cens. Le prélude eft une danfe de deux heures, avant le repas, chacun y chantant ses exploits & ceux de ces Ancêtres Celui qui danfe eft feul en cette occafion, & les autres font aflis sur le derriére, qui

mar-

marquent la cadence par un ton de voix, hé, hé, hé, hé, & chacun se leve à son tour pour faire la danse.

Les Guerriers n'entreprennent jamais rien sans la délibération du *Conseil*, qui est composé de tous les Anciens de la Nation, c'est à dire, des Vieillards au dessus de soixante ans. Avant que ce *Conseil* s'assemble, le Crieur avertit par les cris qu'il fait dans toutes les ruës du Village : alors ces vieilles gens accourent à certaine Cabane destinée exprès pour cela, où ils s'asséent sur le derriere en forme de *lozange*, & après qu'on a déliberé sur ce qu'il est à propos de faire pour le bien de la Nation, l'Orateur sort de la Cabane & les jeunes gens le renferment au centre d'un Cercle qu'ils composent, ensuite ils écoutent avec beaucoup d'attention les délibérations des Vieillards, en criant à la fin de toutes les périodes, *voilà qui est beau.*

Toutes ces danses peuvent être comparées à la Pyrrique de Minerve, car les Sauvages Ils ont plusieurs sortes de danses, la principale est celle du *Calumet*, les autres sont la danse du *Chef*, la danse de *Guerre*, la danse de *Mariage*, & la danse du *Sacrifice*. Elles sont differentes les unes des autres, tant pour la cadence que pour les sauts : mais il me seroit impossible d'en faire la description, par le peu de raport que

observe, *en dansant d'une gravité singuliere, les Cadences de certaines Chansons, que les Milices Grecques d'Achille, appelloient Hyporchematiques. Il n'est pas facile de sçavoir si les Sauvages les ont apprises des Grecs, ou si les Grecs les ont apprises des Sauvages.*

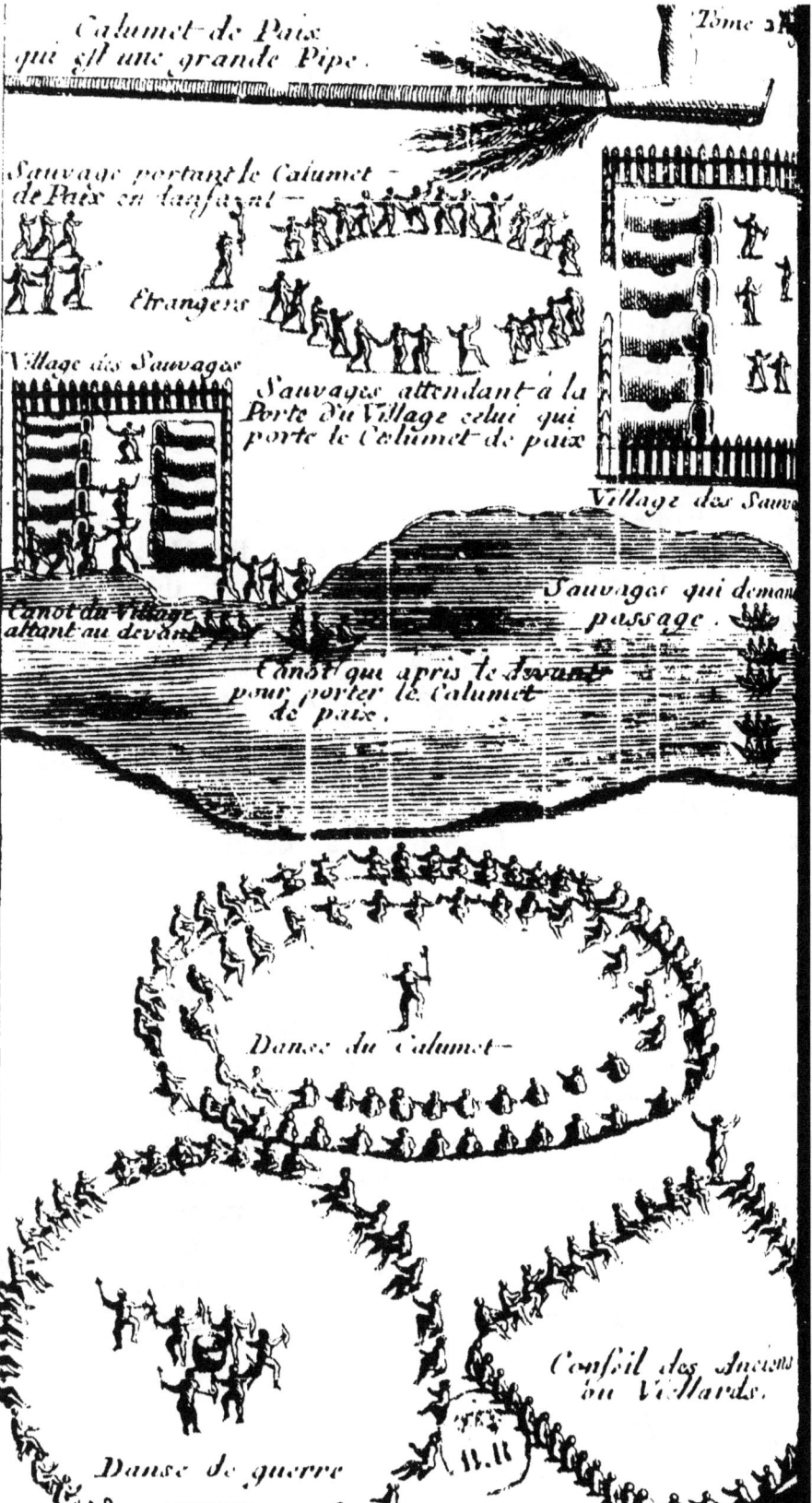

que ces danses ont avec les nôtres. Celle du *Calumet* est la plus belle & la plus grave. Il est vrai qu'on ne la danse qu'en certaines occasions, c'est-à-dire, lors que les étrangers passent dans leurs païs, ou que leurs ennemis envoyent des Ambassadeurs pour faire des propositions de Paix. Si c'est par terre que les uns ou les autres s'approchent du Village, lors qu'ils sont prêts d'y entrer, ils députent un des leurs, qui s'avance en criant, qu'il porte le Calumet de Paix ; cependant les autres s'arrêtent jusqu'à ce qu'on leur crie de venir. Alors quelques jeunes gens sortent du Village, à la porte duquel ils forment une ovale, & les étrangers s'approchant jusques-là, ils dansent tous à la fois en formant une seconde ovale à l'entour du porteur de ce Calumet. Cette danse dure une demi-heure. Ensuite on vient recevoir en cérémonie les Voyageurs pour les conduire au Festin. Les mêmes ceremonies s'observent envers les étrangers qui viennent par eau ; avec cette différence qu'ils envoyent un Canot jusqu'au pied du Village, portant le Calumet de Paix à la prouë en forme de mât, & qu'il en part un du Village pour aller au devant. La danse de Guerre se fait en rond, pendant laquelle les Sauvages sont assis sur le derriere. Celui qui danse se promene en dansant à droit & à gauche, il chante en même tems les Exploits, & ceux de ses Ayeuls. A la fin de chaque Exploit, il donne un coup de massue sur un poteau planté au centre du Cercle, près des certains Joüeurs qui battent la mesure sur un espece de timbale. Chacun se leve à son tour pour chanter la chanson, c'est ordinairement lorsqu'il vont à la guerre, ou lorsqu'ils en reviennent.

La plus grande passion des Sauvages, est la haine implacable qu'ils portent à leurs ennemis, c'est-à-dire à toutes les Nations avec lesquelles ils sont en guerre ouverte. Ils se piquent aussi beaucoup de valeur, mais à cela près ils sont de la derniere indolence sur toutes choses. L'on peut dire qu'il s'abandonnent tout-à-fait à leur temperement & que leur Société est toute machinale. Ils n'ont ni Loix, ni juges, ni Prêtres; ils ont naturellement du penchant pour la gravité, ce qui les rend fort circonspects dans leurs paroles & dans leurs actions. Ils gardent un certain milieu entre la gayeté & la mélancolie. Notre vivacité leur paroit insuportable, & il n'y a que les jeunes gens qui aprouvent nos manières.

J'ai veu souvent des Sauvages qui revenant de fort loin disoient à la famille pour tout compliment, *j'arrive, je vous souhaite à tous beaucoup d'honneur.* Ensuite ils fument leur pipe tranquillement sans interroger, & lorsqu'elle est finie, il disent, *écoutez parens je viens d'un tel endroit j'ai vû telle chose,* &c. Quand on les interroge leur réponse est concise & presque monosillabique, à moins qu'ils ne soient dans le Conseil, autrement vous les entendez dire,

dire, *Voilà qui est bien, cela ne vaut rien, cela est admirable, cela est raisonnable, cela est de valeur.*

Qu'on vienne annoncer à un Pere de famille, que ses enfans ce sont signalez contre les ennemis, & qu'ils ont fait plusieurs esclaves, il ne répondra que par un, *voilà qui est bien*, sans s'informer du reste. Qu'on lui dise que ces enfans ont été tuez, il dit d'abord *cela ne vaut rien*, sans demander comment la chose est arrivée. Qu'un Jesuite leur prêche les veritez de la Religion Chrétienne, les Propheties, les Miracles &c. Ils le payeront d'un *cela est admirable*, & rien plus. Qu'un François leur parle des Loix du Royaume, de la justice, des mœurs & des manieres des Européens, ils répeteront cent fois *cela est raisonnable* ; qu'on leur parle de quelque entreprise qui soit d'importance ou difficile à executer, ou qui demande que l'on y fasse quelques réfléxions, ils diront que *cela est de valeur*, sans s'expliquer plus clairement, & ils écouteront jusqu'à la fin avec une grande attention. Cependant il faut remaquer que lors qu'ils sont avec des Amis sans témoins, & sur tout dans le tête à tête, ils raisonnent avec autant de hardiesse que lors qu'ils sont dans le Conseil. Ce qui paroîtra extraordinaire c'est que n'ayant pas d'étude, & suivant les pures lumieres de la Nature, ils soient capables malgré leur rusticité, de fournir à des conservations qui durent souvent plus de trois heures, lesquelles roulent sur toutes sortes de matiéres, & dont

ils

ils le tirent si bien, que l'on ne regrete jamais le tems qu'on a passé avec ces Philosophes rustique.

Lorsqu'on va visiter un *Sauvage*, on dit en entrant dans sa Gabane, *je viens voir un tel* Alors Peres, Meres, femmes, & enfans sortent ou se tirent à quartier vers l'une de ses extremitez de la Cabane, qui que ce soit ne vient interrompre la conversasion; la coûtume de celui qui est visité, est d'offrir à boire, à manger, ou à fumer, & comme les compliments ne sont pas de mise chez ces Peuples, l'on agit chez eux avec une entiere liberté. S'il arrive qu'on visite la femme ou les filles du même *Sauvage*, on dit en entrant *je viens voir une telle*, chacun se retire de même & on demeure seul avec celle qu'on vient voir; au reste on ne leur parle jamais d'amouretes durant le jour, comme je l'expliquerai ailleurs.

Rien ne m'a tant surpris que de voir l'issuë des disputes qui surviennent au jeu entre les enfans : ils se disent l'un à l'autre de 3. ou 4. pas aprés s'être un peu échaufez *tu n'a point d'esprit ; tu es méchant, tu as le cœur gâté.* Cependant leurs Camarades qui les renferment comme dans un cercle, écoutent tout sans prendre aucun parti jusqu'à ce qu'ils prennent le jeu ; que si par hasard ils veulent en venir aux mains ; ils se divisent en deux troupes & les ramenent à leurs Cabanes.

Quoique les *Sauvages* n'ayent aucune connoissance de la Geografie non plus que
des

des autres Sciences, ils font les Cartes du Monde les plus correctes des Païs qu'ils connoissent, ausquelles il ne manque que les *Latitudes* & les *Longitudes* des lieux. Ils y marquent le vrai Nord selon *l'Etoile Polaire*, les Ports, les Havres, les Riviéres, les Anses & les Côtes des Lacs, les Chemins, les Montagnes, les Bois, les Marais, les Prairies, &c. en contant les distances par journées, demie-journées de Guerriers, chaque journée valent cinq lieuës. Ils font ces Cartes Chorographiques particuliéres sur des écorces de Bouleau, & toutes les fois que les Anciens tiennent des Conseils de Guerre & de Chasse, ils ne manquent pas de les consulter.

L'Année des *Outaouas*, des *Outagamis*, des *Hurons*, des *Sauteurs*, des *Ilinois*, des *Oumamis*, & de quelques autres Sauvages, est composée de douze mois Lunaires Sinodiques, avec cette difference qu'au bout de trente Lunes ils en laissent toûjours passer une surnumeraire, qu'ils appellent la Lune perduë, ensuite ils continuent leur compte à l'ordinaire. Au reste tous ces mois Lunaires ont des noms qui leur conviennent. Ils appellent celui que nous nommons *Mars*, la Lune *aux Vers*, parce que ces animaux ont acoûtumé de sortir dans ce tems-là des creux d'arbre, où ils se renferment durant l'Hiver. Celui d'*Avril*, la Lune aux *Plantes*, *Mai* la Lune aux *Irondeles*, ainsi des autres. Je dis donc qu'au bout de trente mois Lunaires; le

pre-

premier qui suit est surnumeraire & ils ne le comptent pas ; par exemple : nous sommes à présent dans la Lune de Mars, que je suppose être le trentiéme mois Lunaire, & par conséquent le dernier de cette époque, sur ce pied-là celle d'Avril devroit la suivre immédiatement ; cependant ce sera la Lune perduë qui passera la premiere, parce qu'elle est la trente-uniéme. Ensuite celle d'Avril entrera & on commencera en même tems le période de ces trente mois Lunaires sinodiques, qui font environ deux ans & demi. Comme ils n'ont point de semaines, ils sont obligez de compter depuis le premier jusqu'au vingt-sixiéme de ces sortes de mois ; ce qui contient justement cèt espace de tems qui court depuis l'instant que la Lune commance à faire voir le fil de son croissant sur le soir, jusqu'à ce qu'aprés avoir fini son période elle devient presque imperceptible au matin, ce qu'on appelle mois d'illumination. Par exemple un Sauvage dira, je partis le premier du mois des Eturgeons (qui est celui d'Août) & je revins le 29. du mois au bled d'Inde, qui est celui de Septembre, ensuite le jour suivant qui étoit le dernier je me reposai. Cependant comme il reste encore trois jours & demi de Lune morte, pendant lesquels il est impossible de la voir, ils leur ont donné le nom de jours nuds.

Ils ont aussi peu l'usage des heures que des semaines, n'ayant jamais eu l'industrie de faire des Horloges ou des sabliers pour
divi-

diviſer le jour naturel en parties égales ; par le moyen de ces petites machines ; de ſorte qu'ils ſont obligez de régler le jour artificiel de même que la nuit par quart, demi quart, moitié, trois quarts, Soleil levant & couchant, Aurore & Vêpre ; Or comme ils ont une idée merveilleuſe de tout ce qui eſt de la portés de leur eſprit, ayant acquis la connoiſſance de certaines choſes par une longue experience & par habitude, comme de traverſer des forêts de cent lieuës en droiture ſans s'égarer ; de ſuivre les piſtes d'un homme ou d'une bête ſur l'herbe & ſur les feuilles ; ils connoiſſent exactement l'heure du jour & de la nuit, quoique le tems étant couvert, le Soleil & les autres Aſtres ne puiſſent paroître. J'attribuë ce talent à une extrême attention qui ne peut être naturel qu'à des gens auſſi peu diſtraits qu'ils le ſont.

Ils ſont plus étonnez de voir reduire en pratique quelques petits problemes de Geometrie, que nous ne le ſerions de voir changer l'eau en vin. Ils prenoient mon Graphometre pour un * eſprit, ne concevant pas qu'on peut connoître ſans magie les diſtances, des lieux, ſans les meſurer méchaniquement avec des cordes où des verges. La Longimetrie leur plaît incomparablement d'avantage que l'Altimetrie, parce qu'ils croyent plus neceſſaire de connoître la largeur d'une Riviere que la hauteur d'un arbre, &c. Je me ſouviens qu'étant un jour dans les Village des *Outaouas* à *Miſſilimakinac*, un eſclave porta dans la Cabane

* Eſprit, c'eſt une Divinité

banc où je me trouvai, une espéce de muid, fait d'une grosse piece de bois mol qu'il avoit artistement percée, dont il prétendoit se servir pour conserver de l'eau d'érable. Tous les Sauvages qui virent ce Vaisseau se prirent à raisonner sur sa capacité, tenant un pot à la main & voulant pour terminer leur differents faire porter de l'eau pour le mesurer. Il n'en falut pas d'avantage, pour m'obliger de gager contr'eux pour un festin, que je trouverois mieux qu'ils ne le pourroient faire, la quantité d'eau que le Vaisseau pouvoit contenir ; de sorte que trouvant ensuite selon ma suputation qu'il en contenoit 248. pots ou environ, j'en fis faire aussi-tôt l'épreuve. Ce qui les surprit davantage fut, qu'il ne s'en faloit qu'un ou deux pots que je n'eusse rencontré juste, & je leur soutins que ces deux pots qui manquoient s'étoient imbibez dans ce bois neuf. Mais ce qui est de plus plaisant, c'est qu'ils me prierent tous de leur apprendre la Stereometrie, afin de pouvoir s'en servir dans le besoin. J'eus beau leur dire qu'il me seroit impossible de pouvoir la leur faire comprendre, leur allegant plusieurs raisons qui auroient convaincus tout autre que des Sauvages. Ils persisterent si fort à me tourmenter, que je fus obligé de les persuader que les Jesuites seuls étoient capables d'en venir à bout.

Les Sauvages préférent les petits Miroirs convexes de deux pouces de Diametre à toute autre sorte, parce qu'on y découvre
moins

moins distinctement que sur les grands, les boutons & les tanes qui croissent au vilage. Je me souviens qu'étant à *Missilimakinac* un Coureur de bois y porta un Miroir concave assez grand, lequel par conséquent faisoit paroître les visages difformes. Tous les Sauvages qui virent cette piéce de Catoptrique, la trouverent aussi miraculeuse que les montres à reveil, les lanternes magiques, & les pagodes à ressort. Ce qui est de plus plaisant, c'est qu'il se trouva dans la foule des Spectateurs une jeune *Huoone* qui dit en souriant à ce Coureur de bois, que si son Miroir avoit assez de vertu pour rendre les objets réellement aussi gros qu'il les representoit, toutes ces camarades lui donneroient en échange plus de peaux de Castors qu'il n'en faudroit pour faire sa fortune.

Les *Sauvages* ont la mémoire du Monde la plus heureuse. Ils se ressouviennent de si loin que lorsque nos Gouverneurs, ou leurs substituts tiennent Conseil avec eux pour des affaires de Guerre, de Paix ou de Commerce, & qu'ils leurs proposent des choses contraires à ce qu'on leur à proposé il y a trente ou quarante ans; ils répondent que les *François* se dementent, qu'ils changent de sentiment à toute heure, qu'ils y a tant d'années qu'ils leur ont dit ceci & cela; & pour mieux asseurer leur réponse ils font apporter les *Coliers de Porcelaines* qu'on leur a donné dans ce tems-là. Car ce sont des espéces de contats (comme je l'ai expliqué dans ma

sep-

septiéme Lettre (sans lesquels ils est impossible de conclure aucune affaire d'importance avec les Sauvages.

Ils honnorent extrémement la Vieillesse, tel fils se rit des Conseils de son Pere qui tremble devant son ayeul. Ils écoutent les vieillards comme des Oracles. S'il arrive qu'un Pere dise à son fils qu'il est tems qu'il se marie, ou qu'il aille à la Guerre, à la Chasse ou à la Pêche, il lui répondra quelque fois *c'est de valeur, j'y penserai*, mais si l'ayeul lui parle, il dira d'abord *voilà qui est bien, je le ferai*. Si par hazard quelque Sauvage tuë des Perdrix, des Oyes, des Canards ou prend quelque Poisson delicat, il ne manque pas d'en faire present à ses plus vieux parens.

Les *Sauvages* sont des gens sans souci, qui ne font que boire, manger, dormir, & courrir la nuit, dans le tems qu'ils sont à leurs Villages Ils n'ont point d'heures réglées pour leur repas ; Ils mangent quand ils ont faim, & le font ordinairement en bonne compagnie à des festins deçà & delà. Les filles & les femmes en font de même entr'elles, sans que les hommes puissent être de leur partie. Les femmes esclaves ont le soin de cultiver les Bleds d'Inde & d'en faire la recolte ; & les hommes esclaves, ont le soin des Chasses & des Pêches de fatigue, quoique leurs Maîtres se donnent assez souvent la peine de les aider. Ils ont trois sortes de jeux ; celui des *Pailles* est un jeu de nombres, où celui qui sçait compter, diviser, soustraire où multiplier le mieux par ces pailles, est assuré de gagner, c'est purement un jeu d'esprit. Celui des *Noyaux* est un jeu de hazard, ils sont noirs d'un côté & blancs de l'autre, on n'y joüe qu'avec huit seulement. On les met dans un plat, qu'on pose à terre, après avoir fait sauter ces *Noyaux* en l'air. Le côté noir est le bon ; le nombre impair gagne, & les 8. blancs ou noirs gagnent double, ce qui n'arrive pas souvent. Le jeu de la *Pelote* est un jeu d'exercice, elle est grosse comme les deux poings, & les raquettes dont ils se servent sont à peu près faites comme les nôtres, à la reserve que le manche a trois pieds de longueur. Les Sauvages qui y joüent ordinairement trois ou quatre cens à la fois, plantent deux piquets à cinq ou six cens pas l'un de l'autre ensuite ils se partagent également en deux troupes, ils jettent la Pelote en l'air à moitié chemin des deux piquets. Alors chaque bande tâche de la pousser jusqu'à son piquet, les uns courent à la bâle & les autres se tiennent à droit & à gauche à l'écart, pour être à portée d'accourir où elle retombera ; enfin ce jeu est tellement d'éxercice, qu'ils s'écorchent & se meurtrissent les jambes très-souvent avec leurs raquettes pour tâcher d'enlever cette bâle. Au reste tous ces jeux se font pour des festins & pour quelques autres bagatelles, car il faut remarquer, que comme ils haïssent l'argent, ils ne le mettent jamais de leurs parties, aussi peut on dire que l'intérêt n'a jamais causé de division entr'eux.

On

On ne sçauroit disconvenir que les *Sauvages* n'ayent beaucoup d'esprit, & qu'ils n'entendent parfaitement bien les intérêts de leurs Nations. Ils sont grands Moralistes, sur tout lorsqu'il s'agit de critiquer les actions des Européens, ce qu'ils se gardent bien de faire en leur presence, à moins que ce ne soit avec quelques *François* de leurs intimes Amis. D'ailleurs ils sont incredules & obstinez au dernier point, incapables de distinguer une supposition chimérique d'un principe assûré, ni une conséquence bien tirée d'une fausse, comme je vai vous l'expliquer dans le chapitre suivant, qui est celui de leur croyance, dans lequel vous trouverez je m'asseure des choses qui vous surprendront.

Croyance des Sauvages & les obstacles à leur conversion.

Tous les Sauvages soutiennent qu'il faut qu'il y ait un Dieu, puisqu'on ne voit rien parmi les choses materielles qui subsiste nécessairement & par sa propre Nature. Ils prouvent sont Existance par la composition de l'Univers qui fait remonter à un être superieur & tout puissant; d'où il s'ensuit (disent-ils) que l'homme n'a pas été fait par hazard, & qu'il est l'ouvrage d'un principe superieur en sagesse & en connoissance, qu'ils appellent le GRAND ESPRIT ou le Maître de la vie, & qu'ils adorent de la maniére du Monde la plus

abstraiobstraite. Voici comment ils s'expliquent sans définition qui puisse contenter. L'Existence de Dieu étant inséparablement unie avec son Essence, il contient tout, il paroît en tout, il agit en tout, & il donne le mouvement à toutes choses. Enfin tout ce qu'on voit, & tout ce qu'on conçoit est ce Dieu, qui subsistant sans bornes, sans limites, & sans corps, ne doit point être representé sous la figure d'un Vieillard, ni de quelque autre que ce puisse être, quelque belle, vaste ou étenduë qu'elle soit. Ce qui fait qu'ils l'adorent en tout ce qui paroît au monde. Cela est si vrai que dès qu'ils voyent quelque chose de beau, de curieux ou de surprenant, sur tout le Soleil & les autres Astres, ils s'écrient ainsi, *O Grand Esprit* nous te voyons par tout. C'est de cette manière que dans la réflexion des moindres bagatelles, ils reconnoissent un Etre Créateur sous ce nom de *Grand Esprit*, ou de Maître de la Vie.

J'oubliois de vous avertir, que les Sauvages écoutent tout ce que les Jesuites leur prêchent sans les contredire, ils se contentent de se railler entr'eux des Sermons que ces Péres leur font à l'Eglise; & s'il arrive qu'un Sauvage parle à cœur ouvert à quelque François, il faut qu'il soit bien persuadé de sa discrétion & de son amitié. Je me suis trouvé cinquante fois avec eux, tres-embarassé à répondre à leurs objections impertinentes, car ils n'en sçauroient faire d'autres, par raport à la Religion:

Je

Je me suis toûjours tiré d'affaires en les invitant à prêter l'oreille aux paroles des Jesuites. Venons à leur raisonnement sur l'immortalité de l'ame. Ils croyent tous l'immortalité de l'ame; non pas parce qu'elle est une & simple, & que la destruction d'un être dans la nature, ne se peut faire sans la séparation de ses parties: Ils ne connoissent point ce raisonnement. Ils disent seulement que si l'ame étoit mortelle, tous les hommes seroient également heureux dans cette vie, puis que Dieu étant tout parfait & tout sage, n'auroit pû créer les uns pour les rendre heureux & les autres malheureux. Ils prouvent donc l'immortalité de l'ame par les bourrasques de la vie où la plûpart des hommes sont exposez, sur tout les plus honnêtes gens, lors qu'ils sont tuez, estropiez, captifs, &c. car ils prétendent que Dieu veut par une conduite qui ne s'accorde pas avec nos lumiéres, qu'un certain nombre de Créatures souffrent en ce monde pour les en dédommager en l'autre, ce qui fait qu'ils ne peuvent souffrir que les Chrêtiens disent qu'un tel a été bien malheureux d'être tué, brûlé ou fait esclave; prétendant que ce que nous croyons malheur, n'est malheur que dans nos idées, puis que rien ne se fait que par les Decrets de cet Etre infiniment parfait, dont la conduite n'est ni bizarre ni capricieuse, comme ils prétendent faussement que les Chrêtiens le publient, & qu'au contraire c'est un bonheur qui arrive à ces gens qui sont tuez, brûlez,

brûlez, captifs, &c. C'est dommage que ces pauvres aveuglez ne veulent point se laisser instruire ; leur sentiment n'est pas tout à fait contraire à la clarté de l'Evangile : Ils croyent que Dieu pour des raisons impénétrables, se sert de la souffrance de quelques honnêtes gens pour manifester sa justice. Nous ne sçaurions les contredire en cela, puis que c'est un des points du Sistéme de nôtre Religion : mais lors qu'ils conclurent que nous faisons passer la Divinité pour un Etre fantasque & capricieux, n'ont-ils pas le plus grand tort du monde ? La premiére Cause doit être aussi la plus sage pour le choix des moyens qui conduisent à une fin ; s'il est donc vrai, comme c'est un principe incontestable de nôtre Culte, que Dieu permet la souffrance des innocens, c'est à nous d'adorer sa Sagesse, & non pas de nous ingerer de la contredire. L'un de ces Sauvages, raisonnant grossiérement, me disoit, que nous nous faisions une idée de Dieu comme d'un homme qui n'ayant qu'un petit trajet de Mer à passer prendroit un détour de cinq ou six cent lieuës. Cette saillie ne laissa pas de m'embarrasser. Pourquoi, disoit-il, Dieu qui peut conduire aisément les hommes à la félicité éternelle, en récompensant le Mérite & la Vertu, ne prend-il pas cette voye abregée ; pourquoi mene-t-il un Juste par le chemin de la douleur au but de sa béatitude éternelle. C'est ainsi que ces Sauvages se contredisent eux-mêmes ; & c'est ce qui

fait

fait voir que Jesus-Christ nôtre Maître, nous enseigne lui seul des Véritez qui se soûtiennent, & qui ne reçoivent aucune atteinte de contradiction. Voici maintenant une manie singuliére de ces malheureux, qui se réduit à ne croire absolument que les choses visibles & probables. C'est là le point principal de leur Religion abstraite. Cependant quand on leur demande comment ils peuvent prouver qu'ils ont plus de raison d'adorer Dieu dans le Soleil, que dans un arbre ou une Montagne ; ils répondent qu'ils choisissent la plus belle chose qui soit dans la Nature, pour admirer ce Dieu publiquement.

Les Jesuites employent toutes sortes de moyens pour leur faire concevoir la conséquence du Salut. Ils leur expliquent incessamment l'Ecriture Sainte, & la maniére dont la Loi de Jesus-Christ s'est établie dans le monde ; le changement qu'elle y a apporté ; les Propheties ; les Révélations & les Miracles ; ces misérables sont fort éloignez de répondre précisément aux caractéres de vérité, de sincérité, & de Divinité qui se remarquent dans l'Ecriture ; ils sont incrédules au dernier point ; & tout ce que ces bons Péres en peuvent tirer, se réduit à quelques acquiescemens Sauvages, contraires à ce qu'ils pensent ; par exemple ; Quand ils leur prêchent l'Incarnation de Jesus-Christ, ils répondent que *cela est admirable* ; lors qu'ils leur demandent s'ils veulent se faire Chrétiens, ils répondent que *c'est de valeur*, c'est-à-dire, re, qu'ils penseront à cela. Et si nous autres Européens, les exhortons d'accourir en foule à l'Eglise pour y entendre la Parole de Dieu, ils disent que *cela est raisonnable* c'est-à-dire, qu'il y viendront ; mais au bout du compte, ce n'est que pour attraper quelque pipe de Tabac qu'il s'approchent de ce lieu saint ; ou pour se moquer de ces Peres, comme je vous l'ai déja dit ; car ils ont la mémoire si heureuse que j'en connois plus de dix, qui sçavent l'Ecriture Sainte par cœur. Mais voyons ce qu'ils disent de la raison, eux qui passent pour des bêtes chez nous.

Ils soûtiennent que l'homme ne doit jamais se dépoüiller des priviléges de la raison, puis que c'est la plus noble faculté dont Dieu l'ait enrichi, & que puis que la Religion des Chrétiens n'est pas soûmise au jugement de cette raison, il faut absolument que Dieu se soit moqué d'eux en leur enjoignant de la consulter pour discerner ce qui est bon d'avec ce qui ne l'est pas. De là ils soûtiennent qu'on ne lui doit imposer aucune Loi, ni la mettre dans la nécessité d'approuver ce qu'elle ne comprend pas ; & qu'enfin ce que nous appelions article de foi est un bruvage que la raison ne doit pas avaler, de peur de s'enyvrer & s'écarter ensuite de son chemin, d'autant que par cette prétenduë foi on peut établir le mensonge aussi-bien que la vérité, si l'on entend par là une facilité à croire sans rien approfondir. Ils prétendent en se servant de nôtre langage. Chrétien

tien, qu'ils peuvent avoir le même droit de soûtenir, en excluant la raison, que leurs opinions sont des mistéres incompréhensibles, & que ce n'est point à nous à sonder les secrets de Dieu, qui sont trop au dessus de nôtre foible portée.

On a beau leur remontrer que la raison n'a que des lueurs & une lumiére trompeuse, qui méne au précipice ceux qui marchent à la faveur de cette fausse clarté, & qui s'abandonnent à la conduite de cette infidéle, laquelle étant esclave de la foi doit lui obéïr aveuglément & sans replique, comme un *Iroquois* captif à son Maître. On a beau, dis-je, leur representer que l'Ecriture Sainte ne peut rien contenir qui répugne directement à la droite raison : Ils se moquent de toutes ces démonstrations, parce qu'ils supposent une si grande contradiction entre l'Ecriture & la raison, qu'il leur semble impossible (n'étant pas convaincu de l'infaillibilité de l'une par les lumiéres de l'autre) qu'on ne prenne des opinions très-douteuses pour des véritez certaines & évidentes. Ce mot de foi les étourdir, ils s'en moquent, ils disent que les écrits des Siécles passez sont faux, supposez, changez ou altérez, puis que les Histoires de nos jours ont le même sort. Qu'il faut être foû pour croire qu'un Etre tout-puissant soit demeuré dans l'inaction pendant toute une éternité, & qu'il ne se soit avisé de produire des Créatures, que depuis cinq ou six mille ans, qu'il ait créé Adam pour le faire tenter par un
méchant

méchant Esprit à manger d'une Pomme, qui a causé tous les malheurs de sa Postérité, par la transmission prétenduë de son peché. Ils tournent en ridicule le Dialogue entre Eve & le Serpent, prétendant que c'est faire une injure à Dieu, de supposer qu'il ait fait le miracle de donner l'usage de la parole à cet Animal dans le dessein de perdre tout le Genre Humain. Qu'ensuite pour l'expiation de ce peché, Dieu pour satisfaire Dieu, ait fait mourir Dieu ; que son Incarnation, la honte de son supplice, la crainte de la mort & l'ignorance de ses Disciples, pour porter la Paix au Monde, sont des choses inouïes. D'autant plus que le peché de ce premier Pere a plus fait de mal, que la mort de ce Dieu n'a fait de bien, puis que sa Pomme a perdu tous les Hommes, & que le Sang de Jesus-Christ n'en a pas sauvé la moitié. Que sur l'humanité de ce Dieu les Chrétiens ont bâti une Religion sans principes, & sujette au changement des choses humaines ; qu'enfin cette Religion étant divisée & subdivisée en tant de Sectes, comme celle des François, des Anglois & des autres Peuples, il faut que ce soit un ouvrage humain, puis que si elle avoit Dieu pour Auteur, sa prévoyance auroit prévenu cette diversité de sentimens par des décisions sans ambiguité ; c'est-à-dire, que si cette Loi Evangelique étoit descenduë du Ciel, l'on n'y trouveroit point les obscuritez, qui sont le sujet de la dissension, & que Dieu prévoyant les choses futures auroit

roit parlé en termes si clairs & si précis, qu'il n'auroit point laissé de matiére à la chicane : mais supposé, disent-ils, que cette Loi soit un ouvrage divin ; à laquelle de ces Sectes Chrétiennes nous déterminera-t-on, puis qu'après avoir bien choisi entr'elles, on court encore risque de son salut par le suffrage d'un nombre infini de Chrétiens. Le grand article, & qu'ils ont le plus de peine à concevoir, c'est celuy de l'Incarnation d'un Dieu, ils se récrient sur ce que le Verbe Divin a été renfermé neuf mois dans les entrailles d'une femme ; ensuite ils tournent en extravagance, que ce même Dieu soit venu prendre un Corps de terre en ce monde, pour le porter dans son Ciel : ils vont encore plus loin, quand ils raillent de l'inégalité de la Volonté de Jesus-Christ : ils disent qu'étant venu pour mourir, il paroît ensuite qu'ils ne le veuille pas, & qu'il craigne la mort ; que si Dieu & l'homme n'avoient été en lui qu'une même Personne, il n'auroit pas eu besoin de prier, ni de rien demander ; que quand même la Nature Divine n'auroit pas été la Dominante, il n'auroit pas dû craindre la mort, puis que la perte de la vie temporelle n'est rien lors qu'on est assuré de revivre éternellement, & qu'ainsi Jesus-Christ auroit dû courir à la mort avec plus de plaisir qu'eux, (lors qu'ils s'empoisonnent pour aller tenir compagnie à leurs Parens dans le Païs des ames, puis qu'il étoit assuré du lieu où il alloit. Ils traitent Saint Paul de Visionnaire, soûtenant
qu'il

qu'il se contredit sans cesse & qu'il raisonne pitoyablement ; & de plus, ils se moquent de la crédulité des premiers Chrétiens, qu'ils regardent comme des gens simples & superstitieux ; d'où ils prennent occasion de dire que cet Apôtre auroit eu bien de la peine à persuader les Peuples de *Canada* qu'il avoit été ravi jusqu'au troisiéme Ciel. Voici un passage de l'Ecriture qui les choque *multi vocati, pauci verò electi*, c'est ainsi qu'ils s'expliquent : Dieu a dit qu'il y en avoit beaucoup d'appellez, mais peu d'élûs ; si Dieu l'a dit, il faut que cela soit, car rien ne peut l'empêcher. Or si de trois hommes il n'y en a qu'un de sauvé, que les deux autres soient damnez, la condition d'un cerf est préférable à celle de l'homme, quand même le parti seroit égal, c'est à dire, qu'il n'y en auroit qu'un de damné. C'est l'objection que le *Rat*, ce fin & politique Chef des Sauvages, dont je vous ai tant parlé, me fit un jour étant à la chasse avec lui. Je lui répondis qu'il falloit tâcher d'être ce bienheureux élû en suivant la Loi & les Préceptes de Jesus-Christ ; mais ne se payant pas de cette raison, eu égard au grand risque de deux perdus pour un de sauvé, par un Decret immuable, je le renvoyai aux Jesuites, n'osant pas l'assurer qu'il ne tenoit qu'à lui d'être élû, car il m'auroit fait moins de quartier qu'à S. Paul. Sur tout à l'égard de la Religion (où ils demandent de la probabilité) celui dont je viens de parler n'étoit pas si dépourvû de bon sens qu'il ne pût être capable de bien penser, & de faire de bonnes réflexions sur la Religion, mais il étoit si prévenu que la foi des Chrétiens est contraire à la raison, que je n'ai pû le convaincre après avoir tâché plusieurs fois de le détacher de ses préjugez. Quand je lui mettois devant les yeux, les Révélations de *Moïse* & des autres *Prophétes*, ce consentement presque universel de toutes les Nations à reconnoître *Jesus-Christ*, le martyre des Disciples & des premiers Fidéles, la succession perpétuelle de nos sacrez Oracles, la ruïne entiere de la République des *Juifs*, la destruction de Jerusalem prédite par Nôtre Sauveur ; il me demandoit si mon Pere ou mon Ayeul avoient vû tous ces événemens, & si j'étois assez credule pour m'imaginer que nos Ecritures fussent véritables, voyant que les Relations de leurs Païs ; écrites depuis quatre jours, étoient pleines de Fables ; Que la foi dont les *Jesuites* leur rompoient la tête n'étoit autre chose, que *tirerigan* (c'est à dire persuasion) qu'être persuadé, c'est voir de ses propres yeux une chose, ou la reconnoître par des preuves claires & solides ; Que ces Peres & moi bien loin de leur faire voir, ou leur prouver la vérité de nos misteres, nous ne faisions que leur répandre des ténébres & des obscuritez dans l'esprit. Voilà jusqu'où va l'entêtement de ces Peuples. De là, Monsieur, vous pouvez juger, de leur opiniâtreté. Je me flatte que ce détail vous aura diverti sans vous scandaliser.

dalifer. Je vous crois trop ferme & trop inébranlable dans nôtre sainte Foi pour que toutes ces impiétez vous fassent aucune dangereuse impression. Je m'assure que vous vous joindrez à moi pour plaindre le déplorable état de ces ignorans. Admirons ensemble les profondeurs de la Divine Providence, qui permet que ces Nations ayant tant d'éloignement pour nos divines Veritez, & profitons de l'avantage dont nous joüissons par dessus elles sans l'avoir mérité. Ecoutons maintenant, ce que ces mêmes Sauvages nous reprocheront dès qu'ils se seront retranchez dans la Morale : Ils diront d'abord que les Chrétiens se moquent des Préceptes de ce Fils de Dieu, qu'ils prennent ses défenses pour un jeu, & qu'ils croyent qu'il n'a pas parlé sérieusement, puis qu'ils y contreviennent sans cesse, qu'ils rendent l'adoration qui lui est dûë à l'argent, aux *Castors* & à l'intérêt, murmurant contre son Ciel & contre lui dès que leurs affaires vont mal ; qu'ils travaillent les jours consacrez à la pieté, comme le reste du tems, joüant, s'enyvrant, & se battant & se disant des injures ; Qu'au lieu de soulager leurs Peres, ils les laissent mourir de faim & de misère ; qu'ils se moquent de leurs conseils ; qu'ils vont même jusqu'à leur souhaiter la mort qu'ils attendent avec impatience ; qu'à la réserve des *Jesuites* tous les autres courent les nuits de Cabane en Cabane pour débaucher les *Sauvagesses* ; qu'ils tuent tous les jours pour des larcins, pour

des

des injures, ou pour des femmes ; qu'ils se pillent & se volent, sans aucun égard au sang & à l'amitié, toutes les fois qu'ils trouvent l'occasion de le faire impunément ; qu'ils se déchirent & se diffament les uns les autres, par des médisances atroces, mentant sans scrupule dès qu'il s'agit de leur interêt ; Que ne se contentant pas du commerce des filles libres, ils débauchent les femmes mariées, & que ces femmes adulteres font en l'absence de leurs maris, des enfans dont le pere est inconnu ; Qu'enfin les Chrétiens aprés avoir eu assez de docilité pour croire l'humanité de ce Dieu, quoique ce soit la chose du monde la plus contraire à la raison, semblent douter de ses Commandemens & de ses Préceptes, lesquels quoique très-saints & fort raisonnables, ils transgressent continuellement. Je n'aurois jamais fini si j'entreprenois de faire le détail de leurs raisonnemens sauvages ; ainsi je crois qu'il vaut mieux passer droit aux adorations qu'ils font ordinairement au *Kitchi Manitou*, c'est à dire, Grand Esprit ou Dieu, que de vous fatiguer de cette Philosophie, qui n'est que trop vraye dans le fond, & qui doit faire gemir toutes les bonnes ames persuadées de la Verité du Christianisme.

Tom. 2. Pag. 125.

Soleil de Midi

Soleil levant

Soleil couchant

Adorations des Sauvages.

AVant que d'entrer en matiére il est bon de remarquer, que les Sauvages appellent * *Genie* ou *Esprit*, tout ce qui surpasse la capacité de leur entendement, & dont ils ne peuvent comprendre la cause. Ils en croyent de bons & de mauvais. Les premiers sont l'Esprit des Songes, le *Michibichi*, dont j'ai parlé à la table des Animaux ; un *Quadran Solaire*, un *Réveil*, & cent autres choses qui leur paroissent inconcevables ; Les derniers sont le tonnerre, la grêle qui tombe sur leurs bleds, un grand orage en un mot, tout ce qui leur est préjudiciable & dont ils ignorent la cause ; dès qu'un fusil estropie un homme en crevant, ou parce qu'il étoit de méchant fer, ou pour l'avoir trop chargé, ils disent que le *méchant Esprit* s'étoit renfermé dedans ; si par hazard une branche d'arbre éborgne un Chasseur, c'est le *méchant Esprit* qui l'a fait ; si quelque coup de vent les surprend lors qu'ils sont en Canot au milieu de quelque traverse dans les Lacs, c'est le *méchant Esprit* qui agite l'air ; si par un reste de maladie violente quelqu'un perd l'usage de la raison, c'est le *méchant Esprit* qui le tourmente. Voilà ce qu'ils appellent *Matchi Manitous*, au nombre desquels ils mettent aussi l'or & l'argent. Il est à remarquer néanmoins qu'ils parlent de ces Esprits en plaisantant, & à peu près, comme nos esprits forts se raillent

* *Genie se rapporte au mot d'intelligence.*

des

des Sorciers & des Magiciens. Je ne sçaurois m'empêcher de dire encore une fois qu'il en est des relations de *Canada*, comme des Cartes Geographiques de ce Païs-là ; c'est à dire, que de bonne foi je n'en ai vû qu'une seule de fidéle entre les mains d'un Gentilhomme de *Quebec*, dont l'impression fut ensuite défenduë à Paris, sans que j'en sçache la raison. Je dis ceci à propos du *Diable*, dont on prétend que les Sauvages ont la connoissance ; j'ai lû cent folies sur ce sujet, écrites par des gens d'Eglises, qui soûtiennent que ces Peuples ont des conférences avec lui, qu'ils le consultent & qu'ils lui rendent quelque sorte d'hommage. Toutes ces suppositions sont ridicules ; car le *Diable* ne s'est jamais manifesté à ces Amériquains. Je me suis informé d'une infinité de Sauvages, s'il étoit vrai qu'on l'eut jamais vû sous quelque figure d'homme ou d'animal ; & j'ai consulté sur cela tant d'habiles Jongleurs, qui sont des espéces de Charlatans, qui divertissent beaucoup, (comme je l'expliquerai dans la suite) qu'il est à présumer avec raison, que si le *Diable* leur étoit apparu, ils n'auroient pas manqué de me le dire : Ainsi aprés avoir fait tout ce que j'ai pû pour en être parfaitement éclairci ; j'ai jugé que ces Ecclesiastiques n'entendoient pas ce grand mot de *Matchi Manitou* (qui veut dire *méchant Esprit*, étant composé de *Matchi*, qui signifie *méchant*, & de *Manitou*, qui veut dire *Esprit*,) à moins que par le mot de *Diable*, on n'entende les choses

qui

qui leur sont nuisibles, ce qui selon le tour de nôtre langue peut se rapporter aux termes de *fatalité*, de *Mauvais destin*, & *l'infortune*, &c. & non pas ce méchant Esprit qu'on represente en Europe sous la figure d'un homme à longue queuë, à grandes cornes & avec des griffes.

Les *Sauvages* ne font jamais de sacrifices de Créatures vivante au *Kichi Manitou*, c'est ordinairement des Marchandises qu'ils trafiquent avec les François pour des Castors. Plusieurs personnes dignes de foi m'ont raconté qu'il en ont brulé en un seul jour pour la valeur de cinquante mille écus à *Missilimakinac*. Je n'ai jamais vû de ceremonie à si haut prix : quoiqu'il en soit, voici le détail de ce sacrifice. Il faut que le jour soit clair & serain, l'Horison net & le tems calme, alors chaque Sauvage porte son Oblation sur le Bucher : ensuite le Soleil étant à son plus haut degré, les enfants se rangent autour du Bucher avec des écorces allumées pour y mettre le feu, & les guerriers dansent & chantent à l'entour jusqu'à ce que tout soit brulé & consumé, pendant que les vieillards font leurs Harangues ou *Kitchi Manitou* en presentant de tems en tems des pipes de tabac allumées au Soleil. Ces Chansons, ces Danses & ces Harangues durent jusqu'à ce que le Soleil soit couché, quoiqu'ils prennent pourtant quelque intervale de relâche pour s'asseoir & fumer à leur aise. Il ne me reste plus qu'à raporter ici (devant que de finir ce Chapitre) les propres paroles de ces vieux Harangueurs,

gueurs, avec les Chansons des Guerriers
» Grand Esprit Maître de nos vies, Grand
» Esprit Maître des choses visibles & invi-
» sibles, Grand Esprit Maître des autres
» esprits, bons & mauvais, commande
» aux bons d'être favorables à tes enfans les
» *Outaouas* ou &c. Commande aux mé-
» chants de s'éloigner d'eux. O Grand
» Esprit conserve la force & le courage
» de nos Guerriers pour resister à la fureur
» de nos ennemis. Conserve les Vieillards
» en qui les corps ne sont pas encore tout
» à fait usez pour donner des Conseils à
» la jeunesse. Conserve nos enfans, aug-
» mentes en le nombre, délivre les des
» mauvais Esprits, & de la main des mé-
» chants hommes, afin qu'en nôtre vieilles-
» se ils nous fassent vivre & nous rejouïs-
» sent. Conserve nos moissons, & les
» Animaux, si tu veux que nous ne mou-
» rions pas de faim. Garde nos Villages,
» & les Chasseurs en leurs Chasses. Deli-
» vre nous de funeste surprise pendant que
» tu cesses de nous donner la lumiere du
» Soleil qui nous prêche ta grandeur &
» ton pouvoir : avertis nous par l'Esprit
» des songes de ce qu'il te plaît que nous
» fassions, ou que nous ne fassions pas.
» Quand il te plaira que nos vies finissent,
» envoye nous (dans le grand Païs des
» ames) où se trouvent celle de nos Pé-
» res, de nos Méres, de nos Femmes,
» de nos enfans, & de nos autres Parents.
» O Grand Esprit, Grand Esprit, écoute
» la voix de la Nation, écoute tous tes

» en

» enfans & souvient-toi toûjours d'eux.

» Voici les mêmes termes dont les Guer-
» riers se servent en leurs Chansons, qui
» durent jusqu'au coucher du Soleil. Cou-
» rage le Grand Esprit nous donne un si
» beau Soleil, mes freres prenons coura-
» ge. Que ses ouvrages sont grands où
» que le jour a parû beau. Il est bon ce
» Grand Esprit, c'est lui qui fait tout agir.
» Il est le Maître de tout. Il se plait à
» nous entendre ; mes freres prenons cou-
» rage ; nous vaincrons nos ennemis, nos
» champs porteront des bleds, nous fe-
» rons de grandes Chasses, nous nous por-
» terons tous bien, les Vieillards se réjoui-
» ront, leurs enfans augmenteront, la Na-
» tion prosperera ; mais le grand Esprit nous
» aime, son Soleil s'est retiré, il a vû les
» Outaouas ou &c. C'en est fait ; oüy c'en
» est fait le grand Esprit est content, mes
» freres prenons courage.

Il faut remarquer que les femmes lui font
aussi des Harangues ordinairement quand le
Soleil se leve, en presentant leurs enfans à
cet Astre. Les Guerriers sortent aussi du
Village lorsqu'il est prêt à se coucher pour
danser la danse du Grand Esprit. Cependant
il n'y a ni jour, ni tems fixe pour les sacrifices, non plus que pour les danses par-
ticulieres des uns & des autres.

E 5 *Amours*

Amours & Mariages des Sauvages.

IL y auroit mille choses curieuses à dire au sujet des Amourettes & du Mariage de ces Peuples; mais comme cela m'emporteroit trop de tems & que vous pourriez peut-être vous rebuter d'un détail trop particularisé; je me contenterai d'en raporter l'essentiel.

On peut dire que les hommes sont aussi indifferens que les filles sont passionnées. Ceux-là n'aiment que la Guerre & la Chasse, c'est où ils bornent toute leur Ambition. Cependant lorsqu'ils sont chez eux sans occupation ils *courent l'alumète*, c'est le terme dont ils se servent pour dire courir de nuit. Les jeunes gens ne se marient qu'à l'âge de trente ans, parce qu'ils prétendent que le commerce des femmes les énerve de telle sorte, qu'il n'ont plus la même force pour essuyer de grosses fatigues, ou les jarêts assez forts pour faire de longues courses, & pour courir après leurs ennemis; qu'enfin ceux qui parmi eux ont voulu se marier ou *courir l'alumète* un peu trop frequemment, se sont souvent laissez prendre par les *Iroquois*, pour avoir senti de la foiblesse dans leurs jambes & leur vigueur ralentie. Ce n'est pourtant pas à dire qu'ils gardent le Celibat jusqu'à cet âge là, car ils prétendent que comme une trop grande continence leur cause des vapeurs, des maux de reins, & des retentions d'urine, il est absolument nécessaire

pour

pour l'entretien de la santé de *courir l'alu-méte* une fois toutes les semaines.

Si les Sauvages étoient capables de s'a-sujetir à l'empire de l'amour, il faudroit qu'ils eussent une force d'esprit extraordinaire, pour dissimuler la juste jalousie qu'ils pourroient avoir de leurs Maîtresses : & pour s'empêcher en même tems, d'insulter à leurs rivaux. Je connois mieux le genie des Sauvages qu'une infinité de François qui ont passé toute leur vie avec eux, car j'ai étudié leurs mœurs avec tant d'exactitude, que toutes leurs manieres me sont aussi parfaitement connuës que si j'avois passé toute ma vie avec eux. C'est ce qui me fait dire qu'ils n'ont jamais eu cette sorte de fureur aveugle que nous appellons amour. Ils se contentent d'une amitié tendre, & qui n'est point sujette à tous les excez que cette passion cause à ceux qui en sont possedez ; en un mot ils aiment si tranquillement qu'on pourroit appeller leur amour une simple bien-veillance ; Ils sont discrêts au delà de tout ce qu'on peut s'imaginer, leur amitié, quoique forte, est sans emportement, veillant toûjours à se conserver la liberté du cœur, laquelle ils regardent comme le tresor le plus précieux qu'il y ait au Monde. D'où je conclus qu'ils ne sont pas tout à fait si Sauvages que nous.

Les Sauvages ne se querellent, ne s'injurient ni ne médisent jamais de leur prochain, ils sont aussi grands Maîtres les uns que les autres, car tout est égal entre eux,

jamais

jamais fille ni femme n'a causé de desordre parmi ces gens là, les femmes sont sages & leurs maris de même ; les filles sont folles & les garçons font assez souvent des folies avec elles. Il leur est permis de faire ce qu'elles veulent ; les Peres, meres, freres, sœurs, &c. n'ont rien à redire sur leur conduite : ils disent qu'elles sont Maîtresses de leurs corps, qu'elles sont libres de faire ce qu'elles veulent par le droit de liberté ; les femmes au contraire ayant celle de quitter les maris quand il leur plait, aimeroient mieux être mortes que d'avoir commis un adultere. Les maris de même ayant ce privilege, croiroient passer pour des infames s'ils étoient infidéles à leurs épouses.

On ne parle jamais de galanterie aux Sauvagesses durant le jour, car elles ne veulent pas l'écouter : Elles disent que le tems de la nuit est le plus propre ; tellement que si par hazard un garçon alloit dire de jour à une fille, *je t'aime plus que la clarté du Soleil* (c'est la phrase sauvage) *écoute que je te parle*, &c. elle lui diroit quelque sottise en se retirant. C'est une régle générale que quand on veut s'attirer l'estime des filles, il faut leur parler durant le jour de toute autre matiere. On a tant de tête à tête qu'on veut avec elles : on peut parler de mille avantures qui surviennent à tout moment, à quoi elles répondent joliment ; leur gayeté & leur humeur enjoüée sont inconcevables, riant assez aisément & de l'air du monde le plus engageant. C'est

dans

dans ces Conversations que les Sauvages s'aperçoivent par leurs regards de ce qu'elles ont dans l'ame, & quoique les sujets dont on traite soient indifférens on ne laisse pas d'agiter une autre matière par le langage des yeux. Dès qu'un jeune homme après avoir rendu deux ou trois visites à sa Maîtresse soupçonne qu'elle l'a regardé de bon œil, voici comment il s'y prend pour en être tout à fait persuadé. Il faut remarquer que les Sauvages n'ayant *ni tien ni mien* ni superiorité, ni subordination, & vivant dans une espéce d'égalité conforme aux sentimens de la Nature, les voleurs, les ennemis particuliers ne sont pas à craindre parmi eux, ce qui fait que leurs Cabanes sont toûjours ouvertes de nuit & de jour ; de plus il faut sçavoir que deux heures après le coucher du Soleil les Vieillards où les esclaves qui ne couchent jamais dans la Cabane de leurs Maîtres, ont soin de couvrir les feux avant que de se retirer ; alors le jeune Sauvage entre bien couvert dans la Cabane de sa belle, bien envelopé, allume au feu une espéce d'allumête, puis ouvrant la porte de son Cabinet il s'approche aussi-tôt de son lit, & si elle souffle ou éteint son allumête, il se couche auprès d'elle ; mais si elle s'enfonce dans la couverture, il se retire. Car c'est une marque qu'elle ne veut pas le recevoir. Au reste elles boivent le jus de certaines racines qui les empêchent de concevoir, ou qui fait perir leur fruit ; car s'il arrivoit qu'une fille eût fait un enfant,

elle

elle ne trouveroit jamais à se marier ; ce qui est de plus singulier c'est qu'elles permetent à quelques uns de s'asseoir sur le pied de leur lit, simplement pour causer, & qu'une heure après un autre survenant qui soit de leur goût, elles n'hésitent point à lui accorder les dernières faveurs. La raison de ceci est (selon le rapport de quelques Sauvages plus rafinez) qu'elles ne veulent point dépendre de leurs Amants, ôtant aux uns & aux autres toute matière de soupçon, afin d'en agir comme il leur plaît.

Les Sauvagesses aiment plus les François que les gens de leur propre Nation, parce que ces premiers se soucient moins de conserver leur vigueur, & que d'ailleurs, ils sont assidus, auprès d'une Maîtresse. Cependant les *Jesuites* n'épargnent rien pour traverser ce commerce, & pour y réüssir. Ils ont de bons Vieillards dans toutes les Cabanes, qui comme de fidéles espions, leur raportent ce qu'ils voyent, ou ce qu'ils entendent. Ceux qui ont le malheur d'être découverts, sont nommez publiquement en chaire, dénoncez à l'Evêque & au Gouverneur Général, excommuniez & traitez comme des infracteurs de la loi. Mais malgré toute l'adresse & toute l'opposition de ces bons Péres il est constant qu'il se passe dans les Villages quantité d'intrigues dont ils n'ont aucune connoissance. Au reste les *Jesuites* ne s'avisent jamais de trouver à redire au commerce des jeunes Sauvages avec les filles ; car dès qu'ils s'ingerent de les censurer & de les traiter avec la même liberté qu'ils traitent les François, on leur répond nettement qu'ils se fâchent de ce qu'on veut coucher avec leur Maîtresse : c'est la réponse qu'un *Huron* fit un jour en pleine Eglise, à un Jesuite, qui s'adressant à lui prêchoit avec une liberté Apostolique contre les courses nocturnes des Sauvages.

Ces Peuples ne peuvent pas concevoir, que les Européens qui s'attribuent beaucoup d'esprit & de capacité, soient assez aveugles ou ignorans pour ne pas connoître que le Mariage est pour eux une source de peine & de chagrin. Cet engagement pour la vie leur cause une surprise dont on ne peut les faire revenir ; ils regardent comme une chose monstrueuse de se lier l'un avec l'autre sans esperance de pouvoir jamais rompre ce nœud ; enfin de quelques bonnes raisons qu'on puisse les presser, ils se tiennent fermes & immobiles à dire que nous naissons dans l'esclavage, & que nous ne méritons pas d'autre sort que celuy de la servitude.

Leur Mariage passeroit chez nous à juste titre pour un commerce criminel. Par exemple un Sauvage qui s'est aquis la réputation de brave Guerrier s'étant signalé plusieurs fois contre les Ennemis de la Nation, voudra se marier par un contrat, ou pour mieux dire par un bail de trente années, dans l'esperance de se voir pendant sa Vieillesse une famille qui le fasse subsister. Se brave cherchera une fille qui lui convienne ; enſuite les deux parties étant d'accord elles font part du deſſein à leurs parents. Ceux-ci n'oſeroient y contredire il faut qu'ils y conſentent, & pour être témoins de la Cérémonie, ils s'aſſemblent dans la Cabane du plus ancien parent où le feſtin ſe trouve prêt au jour fixé. La table eſt couverte avec profuſion de tout ce qu'il y a de plus exquis, l'Aſſemblée eſt ordinairement nombreuſe. On y chante, on y danſe & l'on s'y divertit à la maniére du Païs. Après la fin du repas & des divertiſſements, tous les parents du futur époux ſe retirent, à la réſerve des quatre plus vieux : enſuite la future épouſe ſe preſente à l'une des portes de cette Cabane accompagnée de ſes quatre plus vieilles parentes : auſſi-tôt le plus décrépit la vient recevoir, & la conduit à ſon prétendu dans un lieu où les deux épouſez ſe tiennent debout ſur une belle natte, tenant une baguette chacun par un bout, pendant que les Vieillards font de très-courtes Harangues. Dans cette poſture ces mariez ſe haranguent tour à tour & danſent enſemble en chantant, & tenant toûjours la baguette, laquelle ils rompent enſuite en autant de morceaux, qu'il ſe trouve de témoins pour les leur diſtribuer. Cela étant fait, on reconduit la mariée hors de la Cabane où les jeunes filles l'attendent pour la remener en cérémonie à celle de ſon Pére, où le marié eſt obligé d'aller la trouver quand il lui plait, juſqu'à ce qu'elle ait un enfant ; car alors elle fait porter ſes

hardes

hardes chez son époux pour y demeurer jusqu'à ce que le Mariage soit rompu.

Il est permis à l'homme & à la femme de se séparer quand il leur plait. Ordinairement ils s'avertissent huit jours auparavant, se donnent des raisons pour se quitter plus honnêtement, mais ordinairement, ils ne se disent autre chose si ce n'est, qu'étant malades le repos est plus convenable à leur santé que le Mariage ; alors les petits morçeaux de baguette qui ont été distribuez aux parents des mariez, sont portez dans la Cabane où la cérémonie s'est faite pour y être brulez en leur presence. Il faut remarquer que ces séparations se font sans dispute, querelle ni contradiction. Les femmes sont aussi libres que les hommes de se remarier à qui bon leur semble. Mais pour l'ordinaire elles attendent trois mois & quelquefois six, avant que de repasser à de secondes noces. Lorsqu'ils se séparent les enfans sont partagez également, car les enfans, sont le tresor des Sauvages : si le nombre est impair, la femme en a plus que le mari.

Quoi que la liberté de changer soit entière, on voit des Sauvages qui n'ont jamais eu qu'une même femme, laquelle ils ont gardé pendant toute leur vie. J'ai déja dit qu'ils se gardent l'un à l'autre une fidélité inviolable pendant tout le tems du Mariage ; mais ce qui est encore de plus édifiant, c'est que d'abord que la femme s'est déclarée grosse, les deux conjoints s'abstiennent exactement du droit, & obserservent exactement la continence jusqu'au trentiéme jour après l'accouchement. Lorsque la femme est sur le point d'accoucher, elle se retire dans une certaine Cabane destinée à cet usage ; ses servantes esclaves l'accompagnent, la servent & l'aident en tout ce qu'elles peuvent. Au reste, le Sexe se délivre du fardeau naturel sans le secours de sages femmes, car les Sauvagesses mettent leurs enfans au monde avec une facilité que nos Européenes auroient peine à concevoir, & le temps de leurs couches ne durent pas plus de deux ou trois jours. Elles observent une espece de purification pendant trente jours, si c'est un enfant mâle, & quarante si c'est une fille ; ne retournant à la Cabane de leurs Maris, qu'après ce terme expiré.

Dès que leurs enfans viennent au monde, elles les plongent dans l'eau tiede jusqu'au menton ; ensuite elles les emmaillotent sur de petites planches rembourrées de coton, le long desquelles elles les couchent sur le dos tout du long, comme je l'ai expliqué au Chapitre des Habits, Logemens, Complexion, &c. des Sauvages. Elles ne se servent quasi jamais de Nourrices, à moins qu'elles ne soient incommodées, & elles ne sévrent jamais leurs enfans, leur donnant la mammelle tout aussi long-tems qu'elles ont du lait, dont elles sont assurement très-bien fournies.

Les femmes ne trouvent plus à se marier après cinquante ans ; car les hommes de même âge disent que ne pouvant plus
avoir

avoir d'enfans, ils feroient une folie de les prendre, & les jeunes gens soûtiennent de même que leur beauté flétrie n'a pas assez de pouvoir pour les charmer dans le temps qu'ils trouvent tant de jeunes filles à choisir. Ainsi les hommes faits, ne les voulant point pour femmes, ni les jeunes gens pour Maîtresses, elles sont obligées ; lors qu'elles sont de complexion amoureuse, d'adopter quelque prisonnier de guerre qu'on leur donne, pour s'en servir dans le pressant besoin.

Le Mari ou la femme venant à mourir, le Veuvage ne dure que six mois ; & si pendant ce tems-là, celui des deux conjoints qui reste, songe à l'autre deux nuits de suite pendant le sommeil ; alors il s'empoisonne d'un grand sens froid & avec un air tout à fait content, chantant même d'un ton qu'on peut dire venir du fond du cœur ; mais si le Veuf ou la Veuve ne rêve qu'une seule fois au défunt ou à la défunte, ils disent que *l'Esprit des Songes* n'étoit pas bien assuré que le mort s'ennuyât dans le *Païs des ames*, puis qu'il n'a fait que passer sans oser revenir ; & qu'ainsi ils ne se croyent pas obligez d'aller lui tenir compagnie.

Les Sauvages ne sont pas susceptibles de jalousie, & ne connoissent point cette passion. Ils se moquent là-dessus des Européens ; ils appellent une véritable folie la défiance qu'un homme a de sa femme, comme si, (disent-ils) ils n'étoient pas assurez que ce fragile Animal est dans l'impossipossibilité de garder la foi. Ils ajoûtent par un faux raisonnement, que le soupçon n'est qu'un doute, & qu'ainsi de douter de ce qu'on voit, c'est être aveugle ou fou, dès que la chose est réelle & évidente ; qu'enfin, il est impossible que la contrainte & la continuité qui se trouve dans nos Mariages, ou l'apas de l'or & de l'argent, n'obligent une femme dégoûtée d'un même Mari, de se ragoûter en se divertissant ec un autre homme. Je suis persuadé qu'un Sauvage souffriroit plûtôt la mutilation, que d'avoir caressé la femme de son Voisin. Les Sauvagesses ne sont pas d'une chasteté moins austére. Je ne crois pas qu'en l'espace de cinquante ans homme ou femme ait fait aucune tentative sur la couche d'autrui. Il est vrai que les *François* ne pouvant pas distinguer les femmes d'avec les filles, les pressent quelquefois lorsqu'ils les trouvent seules à la chasse dans le Bois, ou dans le tems qu'elles se promenent dans leur champ, mais celles qui sont mariées leur répondent en ces termes, *l'ami qui est devant mes yeux m'empêche de te voir.*

Les Sauvages portent toûjours le nom de leur Mere. Je m'explique par un exemple : le Chef de la Nation des *Hurons*, qui s'appellent *Sastaretsi* étant marié avec une fille d'une autre famille Hurone dont il aura plusieurs enfans, le nom de ce Chef s'éteint par sa mort, parce que ses enfans ne s'appellent plus que du nom de leur Mere. Comment est-ce donc que ce nom a subsi-

subsisté depuis sept ou huit cens ans, & qu'il subsistera: c'est que la sœur de ce *Sastaretsi* venant à se marier avec un autre Sauvage, que nous appellerons *Adario*, les enfans qui proviendront de ce Mariage s'appelleront *Sastaretsi*, qui est le nom de la femme, & non pas *Adario* qui est celuy du Mari. Quand je leur ai demandé la raison de cette coûtume, ils m'ont répondu que les enfans ayant reçû l'ame de la part de leur pere, & le corps de la part de la mere; il étoit raisonnable qu'ils perpétuassent le nom maternel. Je leur ai dit cent fois que Dieu seul est le Créateur des ames, & qu'il étoit plus vrai-semblable de croire que c'étoit, parce qu'ils étoient assûrez de la mere, & non pas du pere, mais ils prétendent décisivement, que cette raison est absurde, sans en apporter aucune preuve.

Lors qu'une femme a perdu son Mari, & qu'il a d'autres freres qui ne sont pas encore mariez, l'un d'eux épouse la Veuve six mois après. Ils en agissent de même avec les sœurs de leur femme, laquelle venant à mourir l'une de ces sœurs remplit ordinairement sa place; mais il faut remarquer que cela ne s'observe qu'entre des Sauvages qui se piquent d'une plus grande sagesse que les autres. Il y a des Sauvages qui observent le Celibat jusqu'à la mort, & qui ne vont jamais à la guerre, ni à la chasse, parce qu'ils sont ou lunatiques, ou incommodez; quoi qu'il en soit, on a pour eux autant de considération

ration que pour les plus sains & les plus braves du Païs, & si l'on en fait quelques railleries, ce n'est jamais en leur presence. L'on trouve parmi les *Ilinois* quantité d'*Hermaphrodites*; ils portent l'habit de femme, mais ils font indifferemment usage des deux Sexes. Ces *Ilinois* ont un malheureux penchant pour la Sodomie, aussi-bien que les autres Sauvages qui habitent aux environs du Fleuve de *Missisipi*.

Voilà tout ce que je puis vous apprendre de plus particulier touchant le Mariage & les Amours de ces Ameriquains, qui bien loin de courir à toute bride & comme des chevaux échapez dans le Païs de Venus, ce qu'on pourroit justement reprocher à nôtre Europe, vont toûjours bride en main, étant moderez dans le commerce des femmes, dont Ils ne se servent que pour la propagation de leurs familles & pour conserver leur santé.

Je vous ai fait remarquer que lors qu'une fille a eu des enfans, elle ne trouve jamais à se marier, mais je devois ajoûter que d'autres filles ne veulent point entendre parler de Mari, par un principe de débauche. Celles-ci s'appellent *Ickoue ne Kioussa*, c'est-à-dire *femme de Chasse*, parce qu'elles se divertissent ordinairement avec des Chasseurs; alleguant pour raison qu'elles se sentent trop indifferentes pour s'engager dans le lien conjugal, trop négligentes pour élever des enfans, & trop impatientes pour passer tout l'Hiver dans le Village, & voilà comment elles colorent leurs déréglemens.

miens. Leurs Parens n'oferoient s'ingérer de leur reprocher leur mauvaife conduite, au contraire, ils paroiffent l'approuver, en difant, comme je crois vous l'avoir déja marqué, que leurs filles font Maîtreffes de leurs corps, qu'elles difpofent de leurs perfonnes, & qu'il leur eft permis de faire tout ce qu'elles jugent à propos. Au refte, les enfans de ces publiques font réputez légitimes, jouïffant de tous les privilèges des enfans de famille; avec cette différence, que les Chefs de Guerre ou de Confeil, ne voudroient jamais les accepter pour Gendres, & qu'ils ne pourroient entrer non plus dans certaines familles anciennes, quoique d'ailleurs elles ne jouïffent d'aucun droit, ni d'aucune prééminence qui leur foit particuliere. Les Jefuites font tous leurs efforts pour arrêter le defordre de ces filles débauchées; ils ne ceffent de prêcher aux Parens que leur indulgence eft fort defagréable au grand Efprit, & qu'ils répondront devant Dieu du peu de foin qu'ils prennent de faire vivre leurs enfans dans la continence & dans la chafteté, qu'il y a des feux allumez dans l'autre monde pour les tourmenter éternellement, s'il ne font pas plus foigneux de corriger le vice.

Les hommes répondent *cela eft admirable*, & les femmes ont coûtume de dire aux bons Peres en fe mocquant, que fi leur menace eft bien fondée, il faut que les Montagnes de cet autre monde foient formées de la cendre des ames.

Mala-

Maladies & Remédes des Sauvages.

LES Sauvages font robustes & vigoureux, d'un tempérament sanguin, & d'une admirable complexion. Ils ne connoissent point ce grand nombre de Maladie dont les Européens font accablez, comme *Goutte*, *Gravelle*, *Hydropisie*, &c. Ils font d'une santé inaltérable, quoi qu'ils ne prennent aucune précaution pour la conserver, & quoi qu'ils devroient ce semble l'affoiblir par les exercices violents, de la Danse, de la Chasse, & des Courses de Guerre, où ils passent dans un même jour du chaud, au froid, & du froid au chaud, ce qui seroit en Europe une cause de maladie mortelle. Il est vrai pourtant que quelquefois ils attrapent de bonnes Pleurésies, mais cela est aussi rare qu'il est peu ordinaire qu'ils en guérissent lors qu'ils en font attaquez, car c'est l'unique maladie contre laquelle tous leurs remédes font inutils. La *petite Vrole* est aussi ordinaire au Nord du *Canada*, que la *grosse* l'est vers le Midi. La premiére de ces deux maladies est très-dangereuse en Hiver, par la difficulté de la transpiration. Cependant, quoi qu'elle soit mortelle, les Sauvages en font si peu de cas, qu'ils se promenent dans le Village de Cabane en Cabane s'ils en ont la force, sinon ils s'y font porter par leurs esclaves. La maladie Venérienne est tout à fait commune du côté des *Ilinois* & du Fleuve de *Missisipi*. Je me souvien souviens qu'étant avec les *Akansas* que je rencontrai sur ce grand Fleuve à la sortie de la Riviere des *Missouris* ; (comme je vous l'ai marqué dans ma seiziéme Lettre ; (je vis un Sauvage qui s'étant dépoüillé devant moi me fit voir un partie de son corps tombant en pourriture ; il faisoit boüillir des racines & lui ayant demandé à quel usage, il me répondit par interpréte, qu'il espéroit bien être gueri au bout d'un mois en büvant le suc de ces mêmes racines & en prenant incessamment de bons boüillons de viande & de poisson.

L'eau de vie fait un terrible ravage chez les Peuples du *Canada*, car le nombre de ceux qui en boivent est incomparablement plus grand que le nombre de ceux qui ont la force de s'en abtenir. Cette boisson qui est meurtriére d'elle-même, & que l'on ne porte pas en ce Païs-là sans l'avoir mixtionnée, les consume si fort qu'il faut en avoir vû les funestes effets pour les croire. Elle leur éteint la chaleur naturelle & les fait presque tous tomber dans cette langueur qu'on appelle consomption. Vous les voyez pâles, livides & affreux comme des Squelettes. Leurs Festins qui sont de copieux repas où l'on se fait un mérite de ne rien laisser, leur ruïne absolument l'estomach. Ils prétendent qu'en büvant beaucoup d'eaux ou de boüillons, la digestion se fait plus aisément chez eux que chez nos autres Européens, qui chargeons nôtre estomach de vin & d'autres liqueurs qui vous produisent des cruditez. Les Sau-

Tome II. G *vages*

vages ne s'étonnent pas de leurs maladies. Ils craignent beaucoup moins la mort que la douleur du mal & sa durée. Lors qu'ils sont malades ils ne prennent que des boüillons, mangent peu, & lors qu'ils sont assez heureux que de pouvoir dormir ils se croyent sauvez. Ils m'ont dit vingt fois que le sommeil & les sueurs étoient capables de guerir l'homme du monde le plus accablé d'infirmitez. Quand ils sont si fort affoiblis qu'ils ne peuvent sortir du lit, leurs parens viennent danser & se réjouïr devant eux, pour les divertir. Au reste, ils ne manquent jamais d'être visitez par les *Jongleurs*, dont il est bon de dire ici deux mots en passant.

Un *Jongleur* est une espece de Medecin, ou pour mieux dire de Charlatan, qui s'étant gueri d'une maladie dangereuse, est assez fou pour s'imaginer qu'il est immortel, & qu'il a la vertu de pouvoir guerir toutes sortes de maux en parlant aux bons & aux mauvais *Esprits*. Or quoi que tout le monde se raille de ces *Jongleurs* en leur absence, & qu'on les regarde comme des foüs qui ont perdu le bon sens par quelque violente maladie, on ne laisse pas de les laisser approcher des malades, soit pour les divertir par leurs contes, ou pour les voir rêver, sauter, crier, hurler, & faire des grimaces & des contorsions, comme s'ils étoient possedez, & tout ce tintamare se termine par demander un Festin de Cerf ou de grosses Truites pour la Compagnie, qui a le plaisir de la bonne chere & du divertissement.

Ce

Ce *Jongleur* vient voir le Malade, l'examine fort soigneusement, en disant, si le méchant Esprit est ici nous le ferons bien vîte déloger : Aprés quoi il se retire seul dans une petite Tente faite exprès, où il chante & danse, hurlant comme un *Loup-garou*, (ce qui a donné lieu aux Jesuites de dire que le *Diable* parle avec eux.) Aprés qu'il a fini sa charlatanerie, il vient suçer le Malade en quelque partie du corps, & il lui dit en tirant quelques osselets de la bouche, ,, que ces mêmes osselets sont sor-
,, tis de son corps, qu'il prenne courage,
,, puisque sa maladie est une bagatelle, &
,, qu'afin d'être plûtôt guéri il est expédient
,, qu'ils envoye ses esclaves, & ceux de ses
,, Parens à la Chasse aux Elans, aux Cerfs,
,, &c. pour manger de ces sortes de vian-
,, des, dont sa guerison dépend absolu-
,, ment.

Ces mêmes *Jongleurs* leur apportent ordinairement certains jus de Plantes ou de Simples, qui sont des espéces de Purgations, qu'on appelle *Maskikik* ; mais les Malades les gardent par complaisance plûtôt que de les boire, parce qu'ils croyent que les Purgatifs échauffent la masse du sang, & qu'ils affoiblissent les veines & les arteres, par leurs violentes secousses ; ils se contentent de se faire bien suer, prendre des boüillons, de se tenir bien chaudement, de dormir s'ils le peuvent, & de boire de l'eau du Lac ou de la Fontaine, aussi-bien durant l'accès des fiévres que dans les autres maux.

Ils ne peuvent comprendre comment nous sommes assez fous pour nous servir de vomitifs ; car toutes les fois qu'ils voyent des François qui usent de ces remedes violents ; ils ne sçauroient s'empêcher de dire que nous avallons un *Iroquois*. Ils prétendent que cette sorte de remede ébranle toute la machine, & qu'il fait faire des efforts terribles à toutes les parties internes ; mais ils sont encore plus surpris de la saignée, parce que, disent-ils, le sang étant la méche de la vie, il seroit plus avantageux d'en remettre dans les vaisseaux que de l'en faire sortir, puis que la vie se dissipe quand on en ôte le principe & la cause, d'où il suit necessairement qu'en perdant le sang la Nature n'agit plus qu'avec lenteur & foiblesse, que les entrailles s'échauffent, que toutes les parties se desséchent, ce qui donne lieu à toutes les maladies dont les Européens sont accablez.

Les Sauvages ne passent jamais huit jours sans suer, soit qu'ils soient malades, ou qu'ils se portent bien, avec cette difference que quand ils jouïssent d'une santé parfaite, ils vont se jetter l'Eté dans la Riviére encore tous humide de sueur, & l'Hiver dans la nege : au lieu que lors qu'ils sont incommodez, ils rentrent chaudement dans leur lit. Cinq ou six Sauvages suent aisément dans un lieu destiné à cet usage, lequel endroit est une espéce de four couvert de nattes & de peaux, &c. On y met au centre une écuelle pleine d'eau de vie, brûlante, ou de grosses pierres enflammées

mées, ce qui cause une si grande chaleur qu'en moins de rien on y sue prodigieusement. Au reste, ils ne se servent jamais de bains chauds, non plus que de lavemens, à moins qu'ils ne se laissent persuader par les Jesuites, ou par nos Medecins d'user de ces Remedes.

Un Sauvage me disoit un jour de fort bon sens que le bon air, les bonnes eaux & le contentement d'esprit n'empêchoient pas à la vérité que l'homme ne trouvât la fin de sa vie, mais qu'au moins l'on ne pouvoit pas disconvenir que cela ne contribuât beaucoup à leur faire passer cette même vie sans ressentir aucune incommodité. Il se moquoit en même tems de l'impatience des Européens, qui veulent être aussi-tôt gueris que malades, prétendant que la crainte que nous avons de mourir lors que nous sommes attaquez de la moindre fièvre, en redouble tellement les accès que cette peur nous tuë le plus souvent, au lieu que si nous traitions le mal de bagatelle, aussi-bien que la mort, en gardant le lit avec bien du courage & de la patience, sans violenter la Nature par la force de nos Remedes & de nos Drogues, cette bonne Mere ne manqueroit pas de nous soulager & de nous rétablir peu à peu.

Les Sauvages ne veulent jamais se servir de nos Chirurgiens, ni de nos Medecins. Ils soûtiennent que tout mélange de Drogues est un poison qui détruit la chaleur naturelle & qui consume la poitrine. Ils prétendent que les lavemens ne sont falutaires qu'aux Européens, ils en prennent pourtant quelquefois lorsque les François se trouvent à leurs Villages. Ils croyent que la diette échauffe le sang, & qu'il est très-dangereux de refuser à son appetit ce qu'il demande, pourvû que les aliments soient de bon suc. Ils mangent les viandes un peu plus qu'à demi cuites, mais pour le poisson ils le veulent extraordinairement cuit. Ils ne mangent jamais de salade, prétendant que toute herbe cruë fait travailler l'estomach avec effort.

Il n'y a ni playe, ni dislocation, qu'ils ne guerissent avec des Simples & des Herbes dont ils connoissent la propriété; & ce qui est de singulier, c'est que la *cangrène* ne se met jamais à leurs blessures. Il ne faut pourtant pas attribuer cela à ces Herbes, ni à l'air du Païs, mais plûtôt à leur bonne complexion, parce que cette *cangrène* malgré ces mêmes Remèdes s'introduit dans les playes des François, qui sans contredit sont plus difficiles à guerir que les Sauvages. Ces Peuples l'attribuent au sel que nous mangeons, s'imaginant qu'il est la cause de toutes nos maladies, parce qu'ils ne peuvent manger rien de salé sans être malades à mourir, & sans boire continuellement. Ils ne peuvent non plus se résoudre à boire de l'eau à la glace, prétendant qu'elle affoiblit l'estomach & qu'elle retarde la digestion. Voilà le jugement bizarre qu'ils font de toutes choses par l'entêtement qu'ils ont de leurs Coûtumes & de leurs manières. On a beau les aller voir

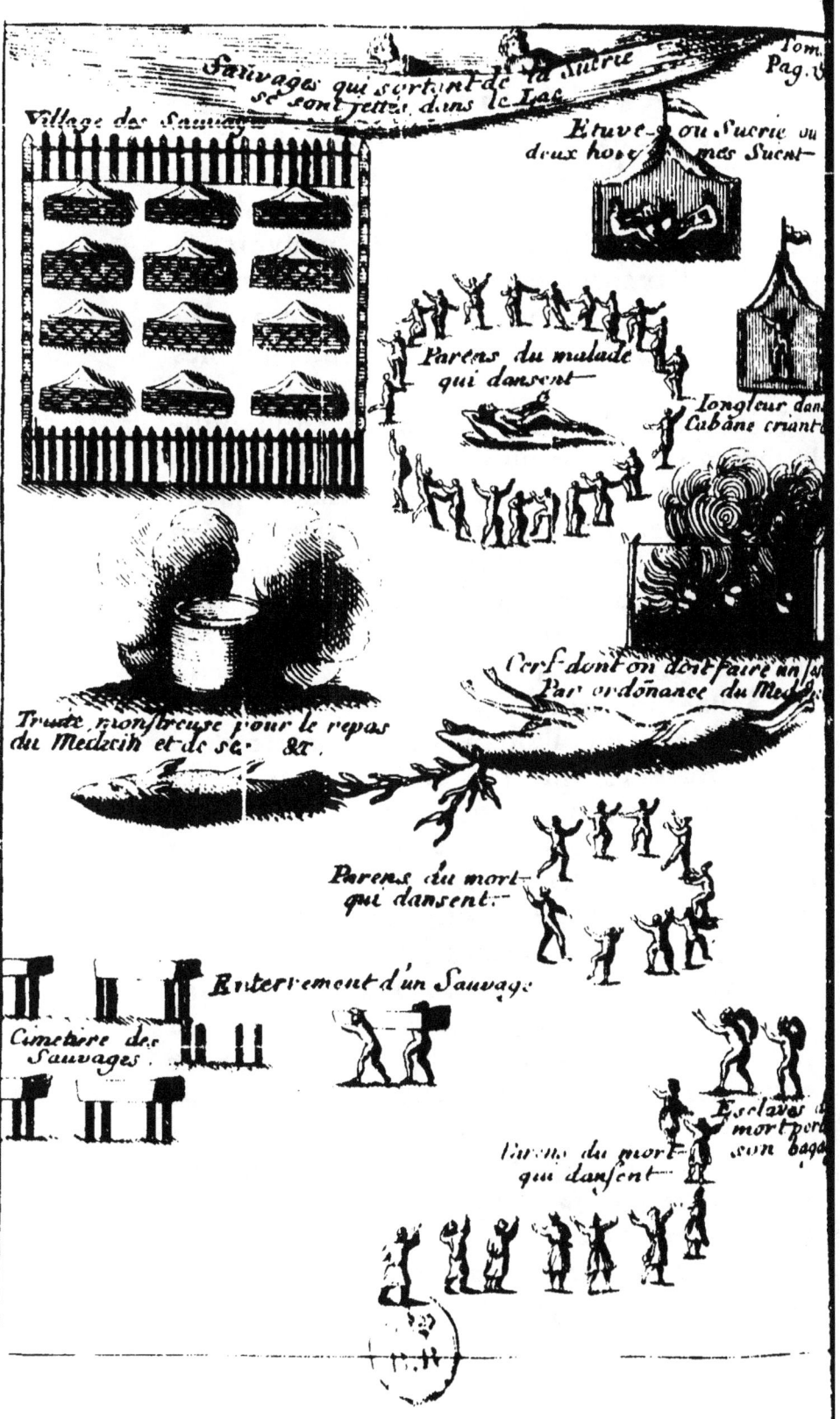

voir lors qu'ils sont à l'extremité pour les exhorter à se faire saigner, ou à prendre quelque purgation, ils répondent qu'ils ne souffrent pas jusqu'au point de pouvoir se résoudre d'avancer leur mort par les remedes des François, lesquels remedes ils croyent, disent-ils, aussi méchans que ceux qui les donnent.

Dès qu'un Sauvage est mort on l'habille le plus proprement qu'ils est possible, & les esclaves de ses Parents le viennent pleurer. Ni meres, ni sœurs, ni freres, n'en paroissent nullement affligez, ils disent qu'il est bienheureux de ne plus souffrir, car ces bonnes gens croyent, & ce n'est pas où ils se trompent, que la mort est un passage à une meilleure vie. Dés que le mort est habillé, on l'asseoit sur une natte de la même maniere que s'il étoit vivant; ses parens s'asseoyant autour de lui, chacun lui fait une Harangue à son tour où on lui raconte tous ses Exploits & ceux de ses Ancêtres; l'Orateur qui parle le dernier s'explique en ces termes: *Un tel, te voilà assis avec nous, tu as la même figure que nous; il ne te manque ni bras, ni tête, ni jambes. Cependant, tu cesses d'être, & tu commences à t'évaporer comme la fumée de cette pipe. Qui est-ce qui nous parloit il y a deux jours, ce n'est pas toi, car tu nous parlerois encore, il faut donc que ce soit ton ame qui est à present dans le grands Pais des ames avec celles de nôtre Nation. Ton corps que nous voyons ici, sera dans six mois ce qu'il étoit il y a deux cens ans. Tu ne sens rien,*

G 4

tu ne connois rien, & tu ne vois rien, parce que tu n'és rien. Cependant, par l'amitié que nous portions à ton corps lors que l'esprit t'animoit, nous te donnons des marques de la vénération dûë à nos freres & à nos amis.

Dès que les Harangues sont finies, les parens sortent pour faire place aux parentes, qui lui font les mêmes complimens, ensuite on l'enferme vingt heures dans la *Cabane des Morts*, & pendant ce tems-là on fait des danses & des festins qui ne paroissent rien moins que lugubres. Les vingt heures étant expirées, les esclaves le portent sur le dos jusqu'au lieu où on le met sur des piquets de dix pieds de hauteur, enseveli dans un double cercüeil d'écorce, dans lequel on a eu la précaution de mettre ses armes, des pipes, du Tabac & du bled d'Inde. Pendant que ces esclaves portent le cadavre, les parens & les parentes dansent en l'accompagnant, & d'autres esclaves se chargent du bagage, dont les parens font present au mort, & le transportent sur son cercüeil. Les Sauvages de la *Riviere Longue* brûlent les corps, comme je l'ai dit ailleurs; & même ils les conservent dans des Canots jusqu'à ce qu'il y en ait un assez grand nombre pour les brûler tous ensemble, ce qui se fait hors du Village dans un lieu destiné pour cette cérémonie. Au reste, les Sauvages ne connoissent point de deüil, & ne parlent jamais des morts en particulier, c'est à dire, les nommant par leur nom; ils se moquent de nous, lors qu'ils nous enten-

DE L'AMÉRIQUE.

entendent raconter le sort de nos Parens, de nos Rois & de nos Généraux, &c.

Dés qu'un Sauvage est mort, ses esclaves se marient avec d'autres femmes esclaves; & ils font cabane ensemble étant alors libres; c'est-à-dire, n'ayant plus de Maître à servir. Les enfans qui proviennent de ces Mariages sont adoptez & réputez enfans de la Nation, parce qu'ils sont nez dans le Village & dans le Païs; & qu'ils ne doivent pas disent-ils, porter le malheur de leurs peres, ni venir au monde dans l'esclavage, puis qu'ils n'ont certainement contribué en rien à leur création. Ces mêmes esclaves ont le soin d'aller tous les jours en reconnoissance de leur liberté au pied du cercüeil de leur Maître pour leur offrir quelque pipe de Tabac. Or puis que je suis sur le chapitre du Tabac, je vous dirai que les Sauvages fument presque tous, mais ils n'en prennent jamais ni en poudre, ni en *machicatoire*. Ils en sément & ils en recüeillent en quantité, mais il est different de celui d'Europe, quoi que les premieres semences soient venuës de l'Amérique : Et comme il ne vaut presque rien, ils sont obligez d'acheter de celui du Bresil qu'ils mêlent avec une certaine feüille d'une odeur agréable, qu'on appelle *Sagahomi*.

Je n'ai plus rien à dire sur cette matiere, croyant vous avoir donné une connoissance suffisante de leurs Malade & de leurs Remédes, qui sont à mon gré aussi sauvages qu'eux-mêmes : quoi qu'il en soit,

G 5 ils

ils meurent gueres que de pleuresies: pour les autres maladies, ils en réchapent avec le plus grand hazard du monde, car à la reserve du courage & de la patience qu'ils ont au delà de tout ce qu'on peut s'imaginer, ils font tout ce qu'il faut faire pour se crever, mangeant, bûvant avec de grosses fiévres, & fumant à la fin de l'accès de ce Tabac de Bresil, dont je vous ai parlé, qui sans contredit est le plus fort de tous ceux qui nous sont connus.

Les femmes sont sujettes là, comme ailleurs, aux indispositions naturelles dont même elles meurent quelquefois; il est vrai qu'elles ont un remede admirable contre les suites fâcheuses de cette incommodité, c'est un certain brûvage, mais qui ne peut opérer, à moins qu'elles ne s'abstiennent de tout excès, à quoi elles se résolvent fort difficilement. Quelques Chirurgiens François m'ont assuré que les Européenes perdoient deux fois plus & beaucoup plus long-tems que les Sauvagesses, celles-ci n'étant incommodées tout au plus que deux jours. L'autre incommodité qu'elles ont assez souvent, est la trop grande quantité de lait, mais pour en être soulagées elles se font téter par de petits Chiens.

Chasse des Sauvages.

J'Ai parlé de la Chasse des *Orignaux* & de quelques autres Animaux de *Canada* dans ma dixiéme & onziéme Lettre, ce qui fait que je ne m'arrêterai proprement qu'à vous faire une description correcte de la Chasse des Castors qui sont des prétendus *amphibies*, comme je vous l'ai marqué par ma seiziéme Lettre, en vous envoyant la figure de ces Animaux. Cependant, comme l'adresse & l'admirable instinct de ces bêtes sont quelque chose de sur-surprenant ; il est bon de vous faire sçavoir en quoi elles consistent, en vous envoyant le dessein des étangs qu'ils sçavent faire beaucoup plus artistement que les hommes.

Les Castors donnent à penser aux Sauvages de *Canada* sur la qualité de leur nature, disant qu'ils ont trop d'esprit, de capacité & de jugement, pour croire que leurs ames meurent avec le corps ; ils ajoûtent que s'il leur étoit permis de raisonner sur les choses invisibles & qui ne tombent point sous les sens, ils oseroient soûtenir qu'elles sont immortelles comme les nôtres. Sans m'arrêter à cette opinion chimérique, il faut convenir qu'il y a une infinité d'hommes sur la terre, (sans prétendre parler des *Tartares*, des Païsans *Moscovites* & *Norvegiens*, ou de cent autres Peuples) qui n'ont pas la centiéme partie de l'entendement de ces Animaux

Les

Les Castors font paroître tant d'artifice dans leurs ouvrages qu'on ne peut sans se faire violence l'attribuer au seul instinct, car il est permis de douter de certaines choses dont on n'aperçoit aucunement la cause, pourvû qu'elles n'ayent point d'enchaîneure avec la Religion : Il en est qu'on voudroit avoir vû soi-même pour y ajoûter foi, tant elles sont éloignées du bon sens & de la raison. Quoi qu'il en soit, je me hazarde de vous écrire sur ce sujet plusieurs particularitez, qui pourront peut-être vous faire douter de la sincerité de ma narration. Je commencerai par vous assurer que ces Animaux font ensemble une société de cent, qu'ils semblent se parler, & raisonner les uns avec les autres par de certains tons plaintifs non articulez. Les Sauvages disent qu'ils ont un jargon intelligible, par le moyen duquel ils se communiquent leurs sentimens & leurs pensées. Je n'ai jamais été témoin de ces sortes d'Assemblées, mais quantité de Sauvages & Coureurs de bois, gens dignes de foi, m'ont assuré qu'il n'y avoit rien de plus vrai ; ils ajoûtoient que les Castors se consultent entr'eux touchant ce qu'ils doivent faire pour entretenir leurs Cabanes, leurs Digues & leurs Lacs, & pour tout ce qui regarde la conservation de leur République ; ces bonnes gens vouloient me persuader que ces bêtes établissent des sentinelles, pendant qu'elles travaillent à couper des arbres gros comme des barriques avec les dents aux environs de leurs

petits

petits Lacs, & que ces sentinelles criant à l'approche des hommes ou des bêtes, tous les travailleurs se jettent à l'eau & se sauvent en plongeant jusqu'à leurs Cabanes. J'avance ce fait sur le rapport de mille personnes, qui n'ont aucun intérêt de vouloir en imposer par des fables; mais voici ce que j'ai observé moi-même sur cette matière au Païs de Chasse des *Outagamis*, dont j'ai parlé au commencement de ma seiziéme Lettre. Les Castors se trouvant dans une prairie traversée de quelque ruisseau, ils se déterminent à faire des digues & des chaussées lesquelles arrêtant le cours de l'eau, cause une inondation sur toute cette prairie, qui se trouve avoir quelquefois deux lieuës de circonférence. Cette digue est faite d'arbres qu'il coupent avec leur quatre grosses dents incisives, & qu'ils traînent ensuite à la nage. Ces bois étant au fond de cette prairie rangez de travers, ces Animaux se chargent d'herbes & de terre grasse, qu'ils transportent sur leur grande queuë & qu'ils jettent entre ces bois avec tant d'art & d'industrie, que les plus habiles Maçons auroient bien de la peine à faire des murailles à chaux & à ciment qui fussent plus fortes. On les entend durant la nuit travailler avec tant de vigueur & de diligence, qu'on croiroit que ce seroit des hommes, si on n'étoit pas assuré que ce sont des Castors. Les queuës leur servent de *truelles*, leurs dents *de haches*, leurs pattes *des mains*, & leurs pieds *de rames*, enfin ils font des digues de quatre eu cinq cens pas de longueur, de vingt pieds de hauteur & de sept ou huit d'épaisseur en cinq ou six mois de tems, quoi qu'ils ne soient que cent travailleurs tout au plus. Ils faut remarquer en passant que les Sauvages ne rompent jamais ces digues par scrupule de conscience ; se contantant seulement d'y faire un trou, comme je l'expliquerai dans la suite. Outre le talent qu'ils ont de couper des arbres, celui de les faire tomber sur l'eau me paroît tout à fait surprenant, car il faut du jugement & de l'attention pour y réüssir, & sur tout pour prendre au juste le tems que le vent peut les aider à rendre la chûte de ces arbres plus facile, & à les faire tomber sur leurs petits Lacs. Ce n'est pas le plus bel ouvrage de ces Animaux, celui de leurs Cabanes surpasse l'imagination, car enfin il faut qu'ils ayent l'adresse & la force de faire des trous, au fond de l'eau pour y planter six pieux, qu'ils ont le soin de placer directement au milieu de l'étang ; c'est sur ces six pieux qu'ils font cette petite maisonnette construite en figure de four, étant faite de terre grasse, d'herbe & de branche d'arbres à trois étages pour monter de l'un à l'autre quand les eaux croissent par les pluyes ou par les dégels. Les planchers sont de joncs, & chaque Castor a sa chambre à part. Ils entrent dans leur Cabane par dessous l'eau où l'on voit un grand trou au premier plancher, environné de bois de tremble, coupé par morceaux pour les attirer plus facilement dans

leurs

leurs cellules lors qu'ils ont envie de manger ; car comme c'est leur nourriture ordinaire, ils ont la précaution d'en faire toujours de grands amas, & sur tout durant l'Automne prévoyant que les gelées doivent glacer les étangs, & leur tenir enfermez deux ou trois mois dans leurs Cabanes.

Je n'aurois jamais fini, si je me mettois à faire la description des différens ouvrages de ces ingénieux Animaux, l'ordre établi dans leur petite République, & les précautions qu'ils prennent pour se mettre à l'abri de la poursuite des autres Animaux ; ce que je remarque c'est que tous les autres qui sont sur la terre, en ont d'autres à craindre, quelque forts, agiles ou vigoureux qu'ils puissent être, mais ceux dont je parle n'ont uniquement que les hommes à apprehender ; car les Loups, les Renards, les Ours, &c. n'ont garde de s'ingérer de les aller attaquer dans leurs Cabanes, quand même ils auroient la faculté de plonger. Il est sûr qu'ils n'y trouveroient pas leur compte, car les Castors s'en déferoient fort aisément avec leurs dents incisives & tranchantes : Il n'y a donc qu'à terre où ils pourroient être insultez, & c'est ce qui fait aussi que quoi qu'ils ne s'écartent jamais de vingt pas du bord de leur étang, ils ont des sentinelles sur les aîles (comme je l'ai déja dit) qui crient pour les avertir lors qu'ils entendent le moindre bruit.

Il ne me reste qu'à expliquer la nature

des Païs où se fait la chasse *des Castors*, dont quelques-uns sont marquez sur ma Carte ; il faut sçavoir premiérement qu'on ne sçauroit marcher quatre ou cinq lieuës dans les Bois de *Canada*, sans trouver quelque petit Lac à Castor, tellement qu'on pourroit dire que tout ce vaste Continent n'est qu'un Païs de *Chasse de Castor* ; mais ne n'est pas ce que j'entens. Ces lieux de chasse dont je parle, sont quantité de petits étangs remplis de ces Animaux, & dont la distance des uns aux autres est peu considérable. Par exemple, celles du *Saguinan*, de *l'Ours qui dort*, de la *Riviére des Puants*, &c. sont de vingt lieuës de longueur, & de manière qu'en tout cet espace de terrain, il se trouvera soixante petits Lacs de Castors plus ou moins, où certain nombre de Sauvages pourront chasser durant l'Hiver. C'est ordinairement à la fin de l'Automne qu'ils partent de leurs Villages en Canot pour s'aller poster en ces lieux de Chasse ; & comme ils les connoissent mieux que je ne connois les ruës de *Quebec*, ils conviennent entr'eux, chemin faisant, du district de chaque famille; de sorte qu'arrivant là : ils se divisent par *Tribus*. Chaque Chasseur établissant son domicile au centre du terrain de son district, comme vous le voyez marqué dans cette figure. Il y a huit ou dix Chasseurs en chaque Cabane, qui pour leur part ont quatre ou cinq étangs. Sur chaque étang il y a tout au moins une loge à Castors, & quelquefois deux ou trois. Ces Chasseurs

seurs s'occupent, dès qu'ils se sont cabanez, à faire des piéges à *Loutres*, à *Renards*, à *Ours*, à *Castors* terriens & à *Martres*, sur les bords de leurs étangs, ensuite ils les vont régulierement visiter tous les jours; mais sur tout, ils aimeroient mieux mourir de faim que de sortir des bornes qu'ils se sont prescrites pour aller piller les bêtes prises aux piéges de leurs Camarades. Ils font très-bonne chere pendant le tems de cette Chasse qui dure quatre mois, trouvant plus qu'ils n'ont besoin, des *Truites*, des *Liévres*, des *Gelinotes de bois*, & des *Ours* en abondance & quelquefois des *Cerfs* & des *Chevreüils*.

Les Castors se prennent rarement aux piéges, à moins que d'y mettre certain bois de trembre rouge *qu'ils aiment beaucoup, & qui ne se trouve pas facilement. On les prend l'Automne en faisant un grand trou au pied de leur digue pour faire couler toute l'eau de l'étang, ensuite les Castors se trouvant à sec, les Sauvages les tuent tous, à la réserve d'une douzaine de femelles & d'une demi douzaine de mâles, ensuite ils reparent avec beaucoup d'exactitude le trou qu'ils ont fait, & ils font en sorte que l'étang se remplit d'eau comme auparavant.

* Qui est une espece de Saule.

Pour ce qui est de la chasse que l'on fait en Hiver lors que l'étang est glacé, ils font des trous aux environs de la loge des Castors, dans lesquels ils passent des rets de l'un à l'autre, & lors qu'ils sont tendus comme il faut, ils découvrent à coups de hache

hache la Cabane de ces pauvres Animaux qui se jettant à l'eau & venant prendre haleine à ces trous, ils s'envelopent dans les filets: il n'en échape pas un seul, mais comme les Sauvages ne veulent pas les détruire, ils rejettent dans les trous le même nombre de Castors mâles & femelles, comme je viens de vous dire qu'il se pratique dans les chasses qu'ils font en Automne.

On peut les tuer aussi lors qu'ils nagent sur l'eau, ou quand ils viennent à terre couper des arbres, mais il faut être bien caché & ne pas se remuer, car au moindre bruit qu'ils entendent, ils se jettent dans l'eau & plongent jusqu'à leurs Cabanes. Cette manière de chasser est proprement celle des Voyageurs, qui se trouvant campez proche de quelque étang à Castors tâchent d'en surprendre quelques-uns en s'embusquant derrière quelque souche, ou quelque gros arbre, jusqu'à l'entrée de la nuit.

Les Sauvages prennent aussi d'autres Animaux dans ces Païs de Chasse de Castors, en courant de côté & d'autre. J'ai dit qu'ils faisoient de trapes où les *Renards*, les *Loups*, les *Martres* & les *Loutres* se font écraser dès qu'ils mordent à l'appas. J'ai expliqué la manière dont on fait ces sortes des piéges dans ma Lettre onziéme. Ces machines ne différent les unes des autres qu'en grandeur. Celle des Ours sont les plus fortes, mais ils ne s'y prennent que jusqu'au commencement de l'Hiver, car
alors

alors ils cherchent de gros arbres qui soient creux à l'endroit des premiéres branches pour s'y nicher. Plusieurs personnes ont de la peine à croire que ces Animaux puissent vivre trois mois dans ces prisons sans autre nourriture que le suc de leurs pattes qu'ils léchent continuellement. C'est pourtant un fait incontestable ; qui ne me paroît pas si difficile à croire, que celui d'y pouvoir grimper, sur tout dans le tems qu'ils sont si gras que deux Sauvages les conduisent où ils veulent avec des gaules ne pouvant presque pas marcher. C'est ce que j'ai vû trois ou quatre fois pendant l'Hiver de 1687. & de 1688. lors que j'hivernai au *Port S. Joseph* : car les *Hurons* du parti de *Saentsouan* en amenérent quelques-uns qui ne firent aucune difficulté d'y entrer.

Les Sauvages font aussi des trapes pour les *Castors terriens*, qui par la raison que j'ai citée dans ma seiziéme Lettre, se logent dans la terre comme les Renards, les Lapins & les Blereaux, & quoi qu'ils soient chassez & poursuivis par les autres Castors, ils font cependant leurs trous aux environs des étangs, des ruisseaux ou des Riviéres. Ceux-ci se prennent aisement à ces piéges, sur tout lors qu'on y met la tête d'un Loutre pour servir d'appas. Il y a une si forte antipathie entre ces deux sortes d'Animaux, qu'ils se font une guerre continuelle.

Les Sauvages m'ont raconté avoir vû quantité de Loutres rassemblées vers le

mois

mois de Mai, qui ayant l'audace d'aller attaquer les Castors jusques dans leurs Cabanes se laissoient pourtant repousser & chasser de l'étang avec perte : & ils ajoûtoient qu'un Castor peut se défendre vigoureusement contre trois Loutres à coups de dents & de queuë. Au reste, les Castors des étangs se prennent rarement aux trapes, à moins qu'on n'y mette pour servir d'appas de ce bois de tremble, dont je vous ai déja parlé. J'ai dit que les Sauvages visitent chaque jour leurs piéges, apportant dans leurs Cabanes la proye qu'ils y trouvent. Aussi-tôt les esclaves écorchent ces bêtes prises, puis ils en étendent les peaux à l'air, ou à la gelée pour les faire secher ; cela dure autant que la fin de la Chasse, qui finit par le grand dégel, auquel tems ils mettent leurs Pelleteries en paquets, les transportant ensuite jusqu'au lieu où ils ont laissé les Canots en arrivans dans ce Païs de Chasse.

Quoi que les Sauvages ayant beaucoup à craindre de leurs ennemis, pendant qu'ils sont dispersez de côté & d'autre, occupant, comme j'ai dit, plus de vingt lieuës de terrain, ils n'ont presque jamais la précaution d'envoyer par tout des découvreurs, ce qui fait qu'ils sont très-souvent surpris lors qu'ils y pensent le moins. Je pourrois citer ici vingt funestes courses des *Iroquois* dans les Païs de Chasse dont je parle, où ils ont égorgé quantité de nos Amis & Alliez. J'ai fait tout ce que j'ai pû pour faire entendre à ces derniers qu'ils manquoient

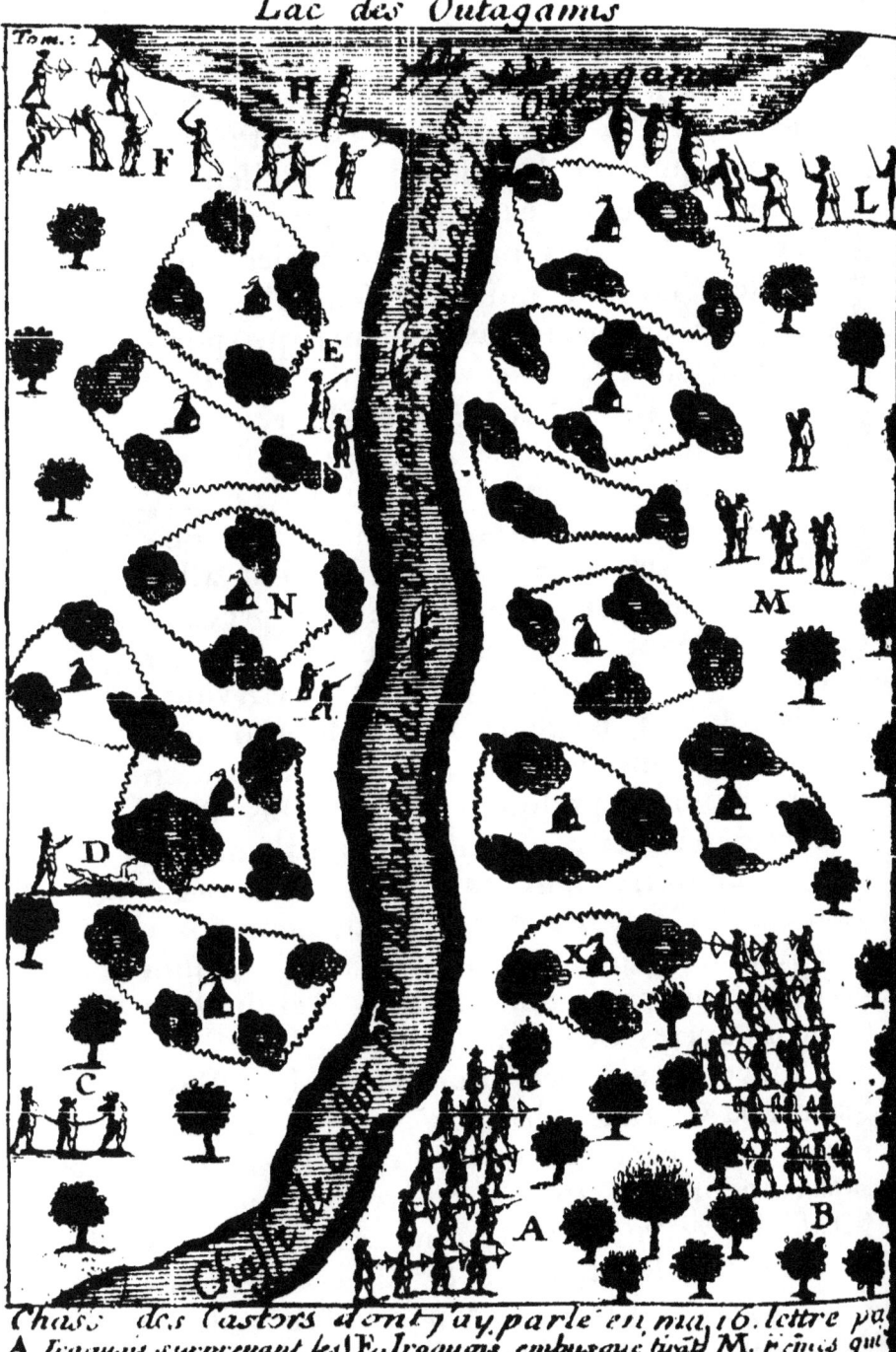

Chasse des Castors dont j'ay parlé en ma 16. lettre pa

A. Iroquois surprenant les Chasseurs ennemis.
B. Chasseurs rassemblées venant a la rencontre
C. Sauvage surpris et fuit prisonnier de guerre
D. Sauvage surpris et tué en se deffendant.
E. Iroquois embusqué tirant sur les Canots des ennemis
F. Iroquois tirant sur les Canots qui s'enfuient
H. Sauvages qui s'enfuient dans leurs Canots
I. Canots d'écorce
L. Sauvages qui s'enfuient
M. Femmes qui portant leurs E
K. Cabane de to
N. District po 1. Cab
10. Chass. situé au Etang ou pe au milieu duq Castors batis leurs C

avoient d'esprit & de conduite en cette rencontre-là, puis qu'ils pouvoient facilement se mettre à l'abri de pareilles insultes, établissant des Cabanes où ils poseroient des Corps de Garde, qui auroient l'œil au guet, pour découvrir les ennemis qui pouvoient s'avancer aux environs de ces Païs de Chasses. Ils se contentent de répondre que cela est raisonnable, & qu'il est vrai qu'ils ne dorment point en sûreté. Enfin, ils s'imaginent que leurs ennemis étant occupez à chasser de leur côté, ils sont assez forts pour ne pas prendre aucune précaution. Cependant, je sçai que les *Iroquois* en usent tout autrement ; ayant des Avant-gardes, & des batteurs d'estrade qui sont toujours en mouvement, ce qui fait qu'on ne les trouble presque jamais dans leurs Chasses. Au reste, je ne crois pas devoir finir ce chapitre sans rapporter deux occasions où les *Iroquois* ont manqué leur coup en voulant surprendre leurs ennemis, quoi qu'ils ayent parfaitement bien réüssi dans plusieurs autres occasions.

L'année 1680. les *Oumamis* & les *Ilinois* étant à la Chasse près de la Riviére des *Oumamis*, un parti de quatre cens *Iroquois* les ayant surpris, tuérent trente ou quarante Chasseurs & firent trois cens prisonniers, y comprenant les femmes & les enfans. Ensuite après s'être un peu reposez, ils se préparoient à retourner chez eux à petites journées, ayant lieu de croire qu'ils auroient regagné leurs Villages avant que les *Ilinois* & les *Oumamis* eussent eu le tems

de

de se raillier & d'envoyer des Coureurs pour avertir ceux des deux Nations dispersées qui chassoient en des endroits plus éloignez. Mais se tromperent si fort que ces *Ilinois* & *Oumamis* s'étant ralliez au nombre de deux cens, resolurent de périr plûtôt que de souffrir leurs gens être emmenez par les *Iroquois*. Cependant, comme la partie n'étoit pas égale, il s'agissoit de trouver quelque bon expédient ; en effet, après avoir bien reflechi sur la maniére de les attaquer, ils conclurent qu'on devoit les suivre d'un peu loin jusqu'à ce qu'il commençât a pleuvoir ; Leur projet réüssit & le Ciel sembla le favoriser, car un jour que la pluye ne discontinua point depuis le matin jusqu'au soir, ils doublerent le pas dès que l'eau commença à tomber du Ciel, & passant à deux lieux à côté de ces *Iroquois*, ils prirent le devant pour leur dresser une embuscade au milieu d'une prairie, que ces derniers voulurent traverser pour gagner un bois, où ils avoient dessein de s'arrêter pour faire de grands feux. Les *Ilinois* & *Oumamis* étant couchez sur le ventre dans des fougéres, attendirent que les *Iroquois* fussent au milieu d'eux pour d'écocher leurs fléches. Ensuite ils les attaquérent si vigoureusement le casse tête à la main, que ceux-ci ne pouvant se servir de leur fusils les amorces étant moüillées, furent contraints de les jetter par terre pour se défendre avec les mêmes armes dont ils étoient attaquez, (j'entens avec leur casse tête) mais comme j'ai

J'ai dit ci devant que les *Ilinois* sont une fois plus adroits & plus agiles que les *Iroquois*. Ces derniers furent obligez de ceder aux premiers, se battant en retraite jusqu'à l'entrée de la nuit, aprés avoir perdu cent quatre vints Guerriers. Le Combat qui ne dura qu'une heure eût duré toute la nuit, si les vainqueurs n'eussent pas craint que leurs gens étant encore liez & demeurant derriere eux ne fussent oposez à quelque surprise dans l'obscurité, tellement qu'aprés les avoir rejoints & s'être saisi de tous les fusils des fuyards dispersez deçà & delà, ils s'en retournerent en leurs Païs, sans avoir voulu prendre un seul *Iroquois*, de peur de s'affoiblir.

La seconde affaire arriva trois ans aprés celle-ci, dans le Pays de Chasse des *Outagamis*, où je vous ai marqué dans ma 16. Lettre que le Chef de cette Nation me donna dix Guerriers pour m'acompagner à la *Rivière Longue*. Voici comment le coup se fit. Un corps de mille *Iroquois* étant venu en Canot à la fin de l'Automne jusqu'à la Baye de *Missisagues*, dans le Lac des *Hurons*, sans être découvert, mit pied à terre en ce lieu-là ; & comme ils étoient nombreux, ils se mirent en marche, portant des filets pour pêcher dans les petits Lacs & Rivieres, en attendant la saison des glaces qui arriva peu de jours aprés. Dés qu'elles furent assez fortes pour passer dessus, ils continuerent leur route, côtoyant le grand Lac des *Hurons* jusqu'à cinq ou six lieuës au dessous *du Sault Sainte Marie*
où

où ils ne voulurent pas aller, craignant de trouver des Coureurs de Bois dans le Fort des Jésuites. Ayant traversé la Baye ils jugerent à propos de faire de très-petites journées, de peur d'être découverts ; & ils eurent la précaution de marcher tous de file sur la nége, afin que si par hazard on venoit à découvrir leurs pistes on crût qu'ils ne seroient que trente ou quarante tout au plus. Ils marcherent de cette maniere jusqu'au quinze ou vintiéme de Février, sans qu'on les apperçût, mais malheureusement pour eux quatre Sauteurs les ayant vûs passer en si grand nombre sur un petit Lac, coururent à toute jambe au Païs de Chasse des *Outagamis* pour les en avertir, quoiqu'ils fussent en guerre avec eux. Cependant le dégel étant survenu contre l'attente de ces *Iroquois* qui contoient d'avoir encore une vintaine de jours de gelée selon la coûtume ordinaire de la saison, leur fit doubler le pas, cherchant les passages les plus étroits & les moins frequentez. Les *Outagamis* étoient fort embarrassez du parti qu'ils avoient à prendre. Il est sûr qu'ils pouvoient ratraper leurs Villages en toute sûreté, mais ils auroient été contraints d'abandonner leurs femmes & leurs enfans qui n'auroient pas eû la force de courir aussi vite que les hommes. Enfin après avoir tenu Conseil entr'eux, ils résolurent de s'avancer jusqu'à un certain passage d'une demi lieuë de longueur, & de trente pas de largeur entre deux petits Lacs, par où ils voyoient bien que les *Iroquois* devoient absolument

lument passer. Ces *Outagamis* n'étant que quatre cens jugerent à propos de se partager en deux Corps, c'est-à-dire que deux cens se tiendroient à un bout du passage, qu'ils fortifieroient aussi-tôt de pieux dans une traverse de pieux d'un Lac à l'autre ; & que les deux cents qui restoient s'en iroient à un quart de lieuë à côté de l'autre bout du passage par lequel les *Iroquois* devoient entrer, afin qu'après avoir coupé chacun un pieu, ils accourussent diligemment pour le fermer, & qu'aussi-tôt que les *Iroquois* auroient enfilé le chemin les découvreurs envoyez pour observer leur marche, viendroient promptement en donner avis, ce qui fut ponctuellement executé ; car dès que ce gros parti qui cherchoit les chemins les plus étroits fut entré dans celui-ci, les deux cens *Outagamis* qui étoient à un quart de lieuë à côté, accoururent de toute leur force, portant assez de pieux pour fermer ce petit espace de terrain borné par les deux petits Lacs ; desorte qu'ils eurent tout le tems de les planter & de les appuyer avec de la terre avant que les *Iroquois*, étonnez d'avoir trouvé le chemin fermé à l'autre bout, fussent revenus sur leurs pas, pour le voir renfermez entre deux barricades. Or quoique, comme je vous l'ai déja dit, bien des fois, les Sauvages n'ayent jamais eû la témérité d'attaquer un reduit de cinquante pieux, ces *Iroquois* ne laisserent pas de vouloir essayer le coup ; ils vinrent en foule à toute jambe pour forcer la nouvelle Barricade, mais ils lâcherent pied dès la premiere décharge que les *Outagamis* firent entre l'espace des pieux, car ils n'avoient pas eu le temps de les joindre comme il faut. Les *Iroquois* se voyent ainsi renfermez crurent que le nombre des *Outagamis* étoit plus grand. Cependant il étoit question de sortir de cette prison; Or de se jetter à l'eau pour traverser l'un de ces Lacs il y alloit de la vie, outre qu'il falloit avoir bonne haleine & bon cœur, car le trajet étoit large & l'eau très-froide, les glaces ne faisant que de se fondre: pendant ce tems-là les *Outagamis* fortifioient leurs barricades de mieux en mieux; envoyant des coureurs dispersez de distance à autre sur les rives de ces deux étangs pour assommer tous ceux qui voudroient aborder à la nage.

Malgré toutes ces précautions les *Iroquois* trouverent un expedient merveilleux qui fut de travailler à faire des radeaux avec les arbre dont ils étoient environnez; mais les coups de hache retentissant un peu trop fort, firent juger aux *Outagamis* du dessein qu'ils avoient, ce qui fut cause qu'ils firent des Canots de peau de Cerfs pour roder sur ces deux étangs durant la nuit. Ces radeaux furent faits en cinq ou six jours, pendant lequel tems les *Iroquois* pêcherent des Truites en quantité à la veuë des *Outagamis*, qui ne pouvoient l'empêcher. Il n'étoit plus question que de traverser l'un des Lacs, de se bien battre en abordant à terre, au cas que leur navigation secrete fut découverte. Pour mieux réussir ils firent une feinte dont le succés eut été infaillible

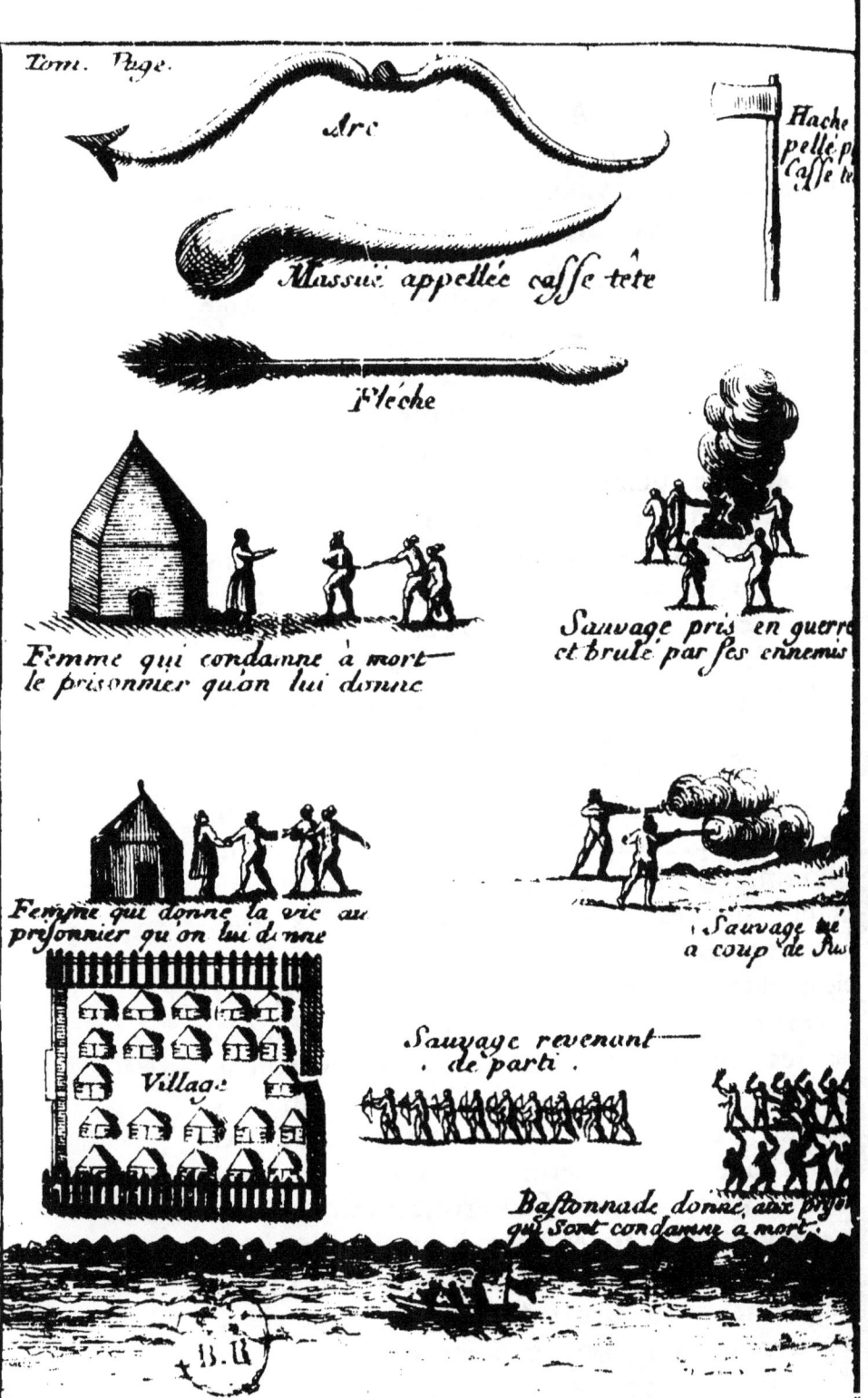

ble, si le fonds de ces Lacs n'eut pas été bourbeux. Car ayant sacrifié vers la minuit sur l'un des deux Lacs vingt esclaves qu'ils obligerent à pousser un radeau, ils se mirent en devoir de passer l'autre étang sur la même voiture, se servant de grandes perches ou lates au lieu de rames; mais comme ces perches s'enfonçoient tellement dans la vase que nos navigateurs avoient beaucoup de peine à les retirer, cela les fit aller plus lentement; si bien que les *Outagamis* qui d'abord avoient pris le change, en s'attachant aux esclaves, eurent le tems de courir à l'autre Lac, où ils apperceurent les *Iroquois*, éloignez du bord environ de la portée du mousquet. Dès que ceux-ci se trouverent à trois pieds d'eau ils s'y jetterent fusil bandé, essuyant les vigoureuses décharges des *Outagamis* qui n'étoient que trois cens, parce qu'ils avoient laissé cinquante homme à chaque barricade. Ce fut un miracle que les *Iroquois* ne furent pas tous assommez en gagnant terre, car ils enfonçoient dans la vaze jusqu'au genouil. Il est vrai que comme c'étoit pendant la nuit, tous les coups des *Outagamis* ne portoient pas; quoi qu'il en soit, il en demeura cinq cens sur l'eau, & le reste ayant pris terre malgré la resistance de l'ennemi, ces *Iroquois* de-... attaquerent si vigoureusement les *Outagamis*, que si les cent hommes destinez à la garde des baricades n'étoient accourus promptement au bruit de la mousqueterie, les pauvres *Outagamis* étoient en risque de rester sur la place, Ils se batirent jusqu'au jour pêle mêle d'une rage épouventable, dispercez deça & delà dans le bois, les gens de même parti se tuant les uns les autres sans se connoître; mais les *Iroquois*, qui jusque là s'étoient obstinez à ne pas ceder le cham de bataille à cause de leurs blessez, & aussi parce qu'ils ne vouloient pas que les *Outagamis* profitassent de la chevelure de leurs morts, furent obligez de lâcher pied, sans être poursuivis, & ils s'enfuïrent à une demi lieuë, où ils se ralierent. J'ai sçû par divers *Iroquois* quelques années aprés ce Combat, que ceux qui restoient, vouloient recommencer un nouveau choc, mais comme la poudre leur manquoit, & que d'ailleurs ils étoient obligez de repasser sur les terres des *Sauteurs* pour s'en retourner à leurs Païs par le même chemin, ils changerent de résolution, en quoi ils eurent grand tort, car étant encore au nombre de trois cens, ils eussent infailliblement été les plus forts, les *Outagamis* étant plus foibles d'un tiers, & ayant perdu la moitié de leurs gens dans ce violent combat, joint que parmi les deux cens qui restoient; il y avoit trente blessez, ceux-ci s'étant retranchez dans le même endroit où l'action s'étoit passée, donnerent leur premier soin à penser les blessez tant ceux des *Iroquois* que les leurs, & aprés avoir pris la tête de tous les morts ennemis, ils envoyerent des découvreurs pour observer la marche des *Iroquois*, ensuite ils retournerent chez eux sans rien craindre.

Arrivez à leurs Villages, ils débuterent
par

par une action de reconnoissance envers les quatre *Sauteurs* qui les avoient avertis de l'aproche des *Iroquois*, les proclamans grands Chefs de guerre, leur faisant part de la moitié de leur Chasse qui se montoit à plus de 60000. écus, & prétendant que ces 4. *Sauvages* devoient heriter des Castors & des autres Pelleteries des *Outagamis* qui avoient peri dans le Combat : enfin aprés avoir fait à ces donneurs d'avis toute la bonne chere possible & tous les honneurs qu'ils sont capables de rendre à la maniere du Païs, ils les renvoyerent en Canot au *Saut Sainte Marie* par la *Baye des Puans* avec une escorte de cinquante Guerriers. Ceux-ci refuserent en vain les presens & le Cortege, parce que les deux Nations étoient en guerre ; on les força de les accepter, & c'est ce qui fut cause que la Paix se fit entr'elles au bout de quatre mois. En voila, ce me semble, assez pour vous faire concevoir les risques que les Sauvages courent à la Chasse *des Castors* : cependant, quoique je ne fasse que finir deux avantures de guerre, je ne laisserai pas de vous aprendre dans le chapitre suivans en quoi consiste leur art militaire, vous y verrez un détail qui pourra vous divertir & faire plaisir à vos Amis.

H 3   *Guerre*

Guerre des Sauvages.

LE Sauvage nommé le *Rat* dont je vous ai parlé si souvent, m'a dit plusieurs fois que la chose du monde qui embarroissoit le plus son esprit, c'étoit de voir que les hommes fissent la guerre aux hommes. *Vois-tu*, disoit-il, *mon frere, nos Chiens s'acordent parfaitement bien avec ceux des Iroquois, & ceux des Iroquois avec ceux des François. Je ne sache point que les animaux de la même espece se fissent la guerre à l'exemple des hommes qui paroissent moins Naturels en cela que les bêtes. Pour moi je croi*, continuoit-il, *que si les animaux pouvoient penser, raisonner, & se communiquer leurs sentimens, il leur seroit facile de détruire tout le genre humain; car enfin si les Ours & les Loups étoient capables de former une Republique, qui les empécheroit de s'attrouper dix ou douze mille & de venir fondre sur nous ; aurions nous en ce cas là de quoi nous defendre ? rien ne leur seroit plus aisé que d'escalader nos Villages pendant la nuit, renverser nos Cabanes & nous devorer. Pourrions nous entreprendre une Chasse sans courir le danger d'être déchirez ? nous serions reduis à vivre de glands, & de racines, privez d'armes & de vétemens, & toûjours en risque de tomber entre les pates de ces Animaux feroces ; ne serions-nous pas obligez de ceder à leur force & à leur adresse ? Concluons donc, mon cher frere ; que raison des hommes est le plus grand instrument de leur malheur, & que s'ils n'a-*

voient

voient point la faculté de penser, de raisonner
& de parler ils ne se feroient pas la guerre comme ils font sans aucun égard à l'humanité &
à la bonne foi.

Voila la morale d'un Sauvage, qui se
mêle de Philosopher sur la coutume de
tuer les hommes avec justice & avec honneur. Les Jesuites tâchent de détruire ce
scrupule par leurs raisons bonnes ou mau-
vaises ; ce qu'ils font aussi sur plusieurs autres matiéres ; les Sauvages les écoutent,
mais ils leur avoüent franchement qu'ils ne
les conçoivent pas.

Les Sauvages se font la guerre au sujet
de la Chasse ou du passage sur leurs terres,
parce que les limites sont réglées. Chaque Nation connoit les bornes de son Païs,
Mais ces Ameriquains sont aussi cruels envers leurs ennemis qu'ils sont équitables
envers leurs Alliez ; car il se trouve parmi
eux des Nations qui traitent leurs prisonniers de guerre avec la de niere inhumani-
té ; Je vous la ferai mieux connoître dans
la suite. Lorsque les Européans s'ingerent de
reprocher à ces sauvages leur ferocité, ils
vous repondent froidement que la vie n'est
rien, qu'on ne se vange pas de ses ennemis
en les égorgeant, mais en leur faisant souffrir de tourmens longs, âpres & aigus ;
& que s'il n'y avoit que la mort à craindre
dans la guerre, les femmes la feroient aussi
librement que les hommes. A l'âge de
vingt ans ils commencent à endosser le har-
nois, & le quittent à leur cinquantiéme année. S'ils portent les armes plûtôt ou plus
tard

tard ce n'est que pour marauder, mais ils ne sont point compris dans le nombre des guerriers.

Le fort des *Iroquois*, c'est de se battre dans une Forêt avec des armes à feu ; car ils tirent fort adroitement, outre qu'ils savent très-bien menager leur avantage, se couvrant des arbres, derriére lesquelles ils tiennent ferme sans lacher le pied aprés avoir fait leur décharge, quoique leurs ennemis soient quelquefois doublement superieurs. Mais comme ils sont plus grands & moins abiles que les Méridionaux, ils sont moins propres à manier la massuë, à cause de cela ils sont presque toûjours defaits en pleine campagne où l'on se bat avec cet instrument, ce qui fait qu'ils évitent les prairies autant qu'il leur est possible.

Les Sauvages ne se font la guerre que par surprise, c'est-à-dire que ceux qui découvrent sont presque toûjours assurez de vaincre ; ayant à choisir d'attaquer à la pointe du jour ou dans les défilez les plus dangereux.

Les Sauvages prennent toutes les précautions imaginables pour couvrir leur marche pendant le jour, envoyant des découvreurs de tous côtez, à moins que le Parti ne se sente assez fort pour n'avoir rien à craindre ; car alors ils se contentent de marcher fort serrez. Mais autant se négligent-ils pendant la nuit, n'ayant ni sentinelles, ni corps de garde à l'entrée de leur camp ; ils font la Chasse des Castors avec la même assurance & la même securité,

rité. M'étant informé de la raison de cette mauvaise discipline, l'on m'a assuré que ces Sauvages en usoient ainsi par présomption, comptant assez sur la réputation de leur valeur, pour s'imaginer que leurs ennemis n'auront pas l'audace de les attaquer, & que lorsqu'ils envoyent à la découverte pendant le jour, c'est moins par la crainte qu'ils ont d'en être surpris, que par le desir qu'ils ont de les surprendre.

Quantité de Nations Sauvages en *Canada* tremblent au seul nom des *Iroquois*; car ceux-ci sont braves, experts, entreprenants, & capables de bien executer un projet. Il est vrai qu'ils sont moins alertes que la plûpart de leurs ennemis, & moins adroits pour le combat de la massuë; c'est pour cela qu'ils ne forment jamais que des partis nombreux, & qu'ils marchent à plus petites journées que les autres Sauvages. Au reste vous avez dû voir à la table des Nations de *Canada* celles qui sont belliqueuses & celles qui ne sont propres qu'à chasser.

Les Sauvages ont des talens merveilleux pour faire une guerre de surprise, car ils connoissent mieux la piste des hommes ou des bêtes sur l'herbe & sur les feuilles, que les Européens ne le pourroient connoître sur la nége ou sur le sable moüillé. Outre cela ils distinguent facilement si ces traces sont vieilles ou nouvelles; aussi bien que le nombre & l'espece qu'elles designent, & ils suivent ces vestiges des jours entiers sans prendre le change, c'est une verité dont je ne sçaurois douter aprés en avoir été tant de fois le témoin.

Les Guerriers n'entreprennent jamais rien sans l'avis des *Anciens* auſquels ils proposent les desseins qu'ils ont de faire des parties : ces Vieillards s'assemblent alors, & ils déliberent sur les propositions des *Guerriers* ; ensuite l'Orateur sortant de la Cabane du Conseil déclare tout haut ce que l'on a resolu sur les propositions, afin que tout le Village en soit informé.

Il faut remarquer que chaque Village a son grand *Chef de guerre* ; qui pour sa valeur, sa capacité, & son experience, a été proclamé tel d'un consentement unanime. Cependant ce tître ne lui donne aucun pouvoir sur les *Guerriers* ; ces sortes de gens ne connoissant point la subordination Militaire non plus que la Civile. Cela est tellement vrai que si ce *Grand Chef* s'avisoit de commander quelque chose au moindre homme de son parti, celui-ci qui ne sera peut-être qu'un fat & qu'un malotru, est en droit de répondre nettement à cette figure de Capitaine qu'il ait à faire lui-même ce qu'il ordonne aux autres ; mais le cas est si rare que je ne sçai si l'on en pourroit citer un exemple. Cette indépendance néanmoins ne cause aucun préjustice. Le Grand Chef sans être revêtu de pouvoir & d'authorité ne laisse pas de trouver un parfait acquiescemens ; car à peine il ouvriroit la bouche pour dire, je trouve à propos ceci ou cela, il faudroit détacher dix ou vingt hommes &c. que la chose est exé-

cutée

entrée sur le champ, & sans la moindre opposition. Outre ce *Grand Chef*, il y en a quelques autres, qui ont chacun certaine quantité de Guerriers, attachez à eux par considération & par amitié; tellement que ceux-ci ne sont regardez comme Chefs que par les gens de leur Famille & de leur Parti.

Quand les Anciens trouvent à propos qu'un parti de *Guerriers* se mette en campagne, le *Grand Chef de Guerre* qui se trouve toûjours au *Conseil*, a le privilége de se mettre à la tête préférablement à tout autre, ou demeurer au Village si bon lui semble. S'il arrive qu'il veüille marcher, il fait crier dans toutes les ruës du Village par le *Crieur* de la Nation qu'un tel jour il donne un festin de Guerre aux gens qui voudront bien s'y trouver. Alors ceux qui ont envie d'être du Parti, font porter leurs plats à la Cabane de ce *Grand Chef* au jour nommé, ne manquant pas de s'y trouver avant midi. L'Assemblée étant complette, le Grand Chef sort dans la Place publique la massuë à la main, & suivi de ses Guerriers qui s'asseoient autour de lui. Aussi-tôt six Sauvages portant chacun une espece de timbale propre plûtôt au charivari qu'au son de la guerre, viennent s'accroupir au pied d'un poteau planté au centre de ce grand cercle; en même tems le Grand Chef regardant fixement le Soleil, ce que toute sa troupe fait aussi à son imitation, il harangue le *Grand Esprit*; aprés quoi l'on offre ordinairement un Sa-

H 6 crifice.

crifice. Cette cérémonie achevée, il chante sa chanson de Guerre, pendant que les Timbaliers battent la mesure à leur manière, & à la fin de chaque période qui contient un de ses exploits, il donne un coup de massuë au poteau. Le Grand Chef ayant fini sa chanson, chaque *Guerrier* chante la sienne avec la même méthode, pourvû cependant qu'il ait fait une campagne, autrement il est obligé de garder le silence. Ensuite la troupe rentre dans la Cabane du Chef où le repas se trouve préparé.

S'il arrive que le *Grand Chef* ne juge pas à propos de commander le parti, & qu'il veuille demeurer au Village; les Guerriers, qui ont dessein de marcher, choisissent un des petits Chefs dont je viens de parler. Celui-ci observe les mêmes cérémonie de Harangue, de Sacrifice, de danses, & du festin qui se continuë chaque jour jusqu'à celui du départ.

Parmi les Sauvages de *Canada*, quelques uns de ces Partis font la moitié ou les trois quarts du chemin en Canot. Ce sont ceux qui habitent sur les rives des Lacs, aussi bien ies que *Iroquois*; ceux-ci ont cet avantage sur leurs ennemis qu'ils sont tous armez d'un bon fusil, au lieu que les autres ne portent cet instrument que pour la Chasse, il n'y a ordinairement que la moitié du Parti pendant le voyage qui en soit pourvû, ce qui fait que plus ils approchent du Païs de leurs ennemis, moins ils s'écartent pour chasser, sur tout

avec

avec les armes à feu dont le bruit les pourroit faire découvrir. Dés qu'il sont à trente ou quarante lieuës du danger, ils ne chaffent plus, se contentant de porter chacun un petit sac de farine de bled d'Inde de la pesanteur de dix livres, laquelle ils mangent détrempée avec un peu d'eau sans être cuite, n'osant pas faire de feu.

Si ces Peuples qui font la guerre aux *Iroquois*, sont *Ilinois*, *Outagamis*, *Hurons* ou *Sauteurs*, & que ces Partis veüillent faire un coup de main, ne fussent-ils que trente, ils n'hésitent pas à s'avancer jusqu'au pied du Village des ennemis, comptant sur la vitesse de leurs jambes, en cas qu'ils fussent découverts. Cependant, ils ont la précaution de marcher l'un après l'autre, & celui qui se trouvent le dernier à l'adresse de répandre des feüilles pour couvrir la piste. Après avoir franchi ce pas périlleux, & lors qu'ils sont entrez dans les champs des *Iroquois*, ils courent toute la nuit, passant la journée couchez sur le ventre dans de petits Bois ou dans des broussailles, tous ensemble, ou dispersez. Vers le soir, ou si-tôt que le Soleil est couché, ils sortent de leur embuscade attaquans tous ceux qu'ils rencontrent, sans distinction d'âge ni de Sexe; la coûtume de ces Guerriers est de n'épargner ni les enfans, ni les femmes. Lors qu'ils ont fini leur massacre, & qu'ils ont levé la chevelure des morts, ils ont encore la hardiesse de faire le cri lugubre. Appercevant de loin quelques *Iroquois*, ils s'efforcent de

leur

leur faire entendre qu'on a tué quelques-uns de leurs gens, qu'ils viennent leur donner la sepulture, que l'action s'est faite par un tel Chef, & par une telle Nation, après quoi ils s'enfuyent tous le plus vîte qu'il leur est possible par des chemins différens, jusqu'à certain rendez-vous à trente ou quarante lieuës de là, sans être poursuivis des *Iroquois*, qui ne se donnent pas cette peine, sçachant bien qu'ils n'ont pas les jarrets assez souples pour les pouvoir atteindre.

Si ces Partis sont de deux ou trois cens hommes, ils se risquent d'entrer adroitement la nuit dans le Village, faisant escalader les palissades par un ou deux Guerriers pour ouvrir les portes, en cas qu'elles soient fermées ; mais il faut remarquer que les *Outaouas* aussi-bien que les autres Sauvages, qui n'ont ni tant de cœur, ny tant d'agilité, se contentent de chercher les *Iroquois* dans leur Païs de Chasse ou de Pêche, n'osant approcher de leur Villages qu'à la distance de quarante lieuës, à moins qu'ils ne soient assurez d'un azile en cas qu'ils soient découverts ou poursuivis ; ces lieux de refuge ne peuvent être que de petits Forts gardez par les François.

Les Sauvages ne font jamais de prisonniers aux portes des Villages de leurs ennemis, à cause de la diligence qu'ils sont obligez de faire, courant jour & nuit pour se sauver. C'est ordinairement dans les Païs de Chasse, de Pêche, & en d'autres lieux

lieux où l'avantage de la surprise leur donne celui de la Victoire, qu'ils se saisissent de leurs ennemis; alors le Parti le plus foible après avoir bien combattu, étant obligé de ceder & de se battre en retraite sans ordre ni discipline, & fuyant chacun de son côté, il ne se peut faire que les Vainqueus ne fassent des prisonniers. Il y a des Sauvages assez forts & assez adroits pour terrasser un homme, & le lier dans un moment. Mais il s'en trouve parmi les Vaincus, qui aiment mieux se tuer que de se laisser prendre; & d'autres qu'on est contraint de blesser pour en venir à bout. Dès qu'un Sauvage est lié il chante sa chanson de mort, de la manière que je l'ai exprimé dans ma vingt-troisiéme Lettre. Les *Iroquois* qui ont le malheur d'être pris, n'ont qu'à se préparer à des tourment affreux s'ils tombent entre les mains des *Oumamis*, des *Outaouas*, des *Algonkins*, & des Sauvages de l'*Acadie*; car ces Peuples sont extrêmement cruels envers leurs captifs; le moindre supplice qu'ils leur font souffrir, c'est d'obliger ces misérables à mettre le doigt dans le trou de la pipe du Victorieux lorsqu'il fume, ce qui sert d'amusement à celui-ci pendant le voyage. Les autres Nations en usent avec beaucoup plus d'humanité. Ce n'est pas que depuis quelques années, les François tâchent de leur persuader de faire à leurs ennemis le même traitement qu'ils en reçoivent. L'on doit conclurre de là qu'il faut faire une grande différence entre les divers

Peuples

Peuples du *Canada*, les uns sont bons, les autres mauvais ; les uns belliqueux, les autres lâches ; les uns agiles & les autres lourds & pesants ; en un mot, il en est de cette partie de l'Amérique comme de nôtre Europe, où chaque Nation ne se ressemble pas dans le bien & dans le mal : Tellement que les *Iroquois*, & ceux que je viens de nommer avec eux, brûlent la plûpart de leurs captifs, pendant que les autres se contentent de les retenir dans l'esclavage sans en faire mourir aucun. C'est des premiers dont je parlerai dans les trois articles suivans. Si-tôt qu'un Parti de ces Barbares approche du Village, ils font autant de cris de mort qu'ils ont perdu d'hommes, & lors qu'ils n'en sont plus éloignez que de la portée d'un mousquet, ils recommencent le chant funeste & le répétent autant de fois qu'ils ont tué d'ennemis. Alors la jeunesse au dessous de seize ans, & au dessus de douze, se met en haye armée de bâtons pour en frapper les prisonniers, ce qu'ils éxécutent de toute leur force, dès que les Guerriers ont fait leur entrée, portant au bout de leurs arcs les chevelures de ceux qu'ils ont tuez.

Le jour suivant les Anciens s'assemblent au Conseil dont la distribution des prisonniers, qui sont ordinairement presentez aux femmes ou filles de qui les parens ont été tuez, ou à celles qui manquent d'esclaves ; le partage étant fait, trois ou quatre jeunes coquins de quinze ans les prennent & les conduisent chez ces femmes ou chez ces filles. Or si celle qui reçoit le sien veut qu'il meure, elle lui dit que son pere, son frere, son mari, &c. n'ayant point d'esclave pour le servir dans *le Païs des Morts*, il est nécessaire qu'il parte incessamment : Tellement que s'il y a des preuves que ce misérable prisonnier ait tué des femmes, ou des enfans durant sa vie ; ces jeunes Bourreaux le ménent au Bucher où ils lui font souffrir ces cruautez atroces, dont je vous ai parlé dans ma vingt-troisiéme Lettre, & souvent même quelque chose encore de plus horrible. Mais si l'infortuné captif pour vérifier qu'il n'a jamais tué que des hommes, ils se contentent de le fusiller. Si cette femme, ou fille, veut le sauver (ce qui arrive assez souvent) elle le prend par la main, & après l'avoir fait entrer dans sa Cabane elle coupe ses liens, lui faisant donner des hardes, des armes, & dequoi manger & fumer : Elle accompagne ordinairement cette honnêteté de ces paroles, *Je t'ai donné la vie, je t'ai délié, prends courage, sers moi bien, n'ayes pas le cœur mauvais ; & tu auras sujet de te consoler d'avoir perdu ton Païs & tes Parens*. Les femmes Iroquoises adoptent quelquefois les prisonniers qu'on leur donne pour s'en servir à leur gré, & alors ils sont regardez comme gens de la Nation. Quant aux femmes prisonnières on les distribuë aux hommes, & ceux-ci leur accordent infailliblement la vie.

Il faut remarquer que les Sauvages de Canada n'échangent jamais leurs prisonniers.

niers. Dès qu'ils font lieu, il font confidérez comme morts de leurs Parens, aussi-bien que de toute leur propre Nation, à moins qu'ils n'ayent été si fort blessez (quand on les a pris) qu'il leur ait été impossible de se tuer eux-mêmes ; en ce cas, ils les reçoivent lors qu'ils peuvent se sauver, au lieu que quand les autres reviendroient, ils seroient méconnus même de leurs plus proches, & personne ne voudroit absolument les recevoir. La maniére dont les Sauvages font la Guerre est si rude qu'ils faut avoir des corps de fer, pour résister aux fatigues qu'il sont obligez d'essuyer : Tellement que cela joint au peu de quartier qu'ils se font les uns aux autres, n'épargnant ordinairement ni femmes, ni enfans, il ne faut pas s'étonner si le nombre de leurs Guerriers est si petit ; à peine quelquefois s'en trouve-t-il mille dans une Nation.

Les Sauvages ont assez de peine à se résoudre de déclarer la Guerre. Il faut qu'ils tiennent bien des Conseils, & qu'ils soient très-assurez des Nations voisines dont ils demandent l'Alliance ou la Neutralité. Outre cela, ils veulent connoître à fonds les intentions de celles qui sont les plus éloignées, afin de prendre des mesures justes, examinant sérieusement les suites & tâchant de prévoir tous les accidens qui pourroient survenir. Ils ont la précaution d'envoyer chez les Peuples avec lesquels ils veulent s'allier, pour sçavoir adroitement si les *Anciens* ont d'assez bonnes têtes

pour

pour gouverner & conseiller judicieusement & à propos leurs *Guerriers*, dont ils veulent connoître le nombre aussi-bien que la valeur & l'expérience. Après cela ils considérent les moyens de faire leur commerce de Pelleteries avec les François sans desavantage, & ceux de pouvoir chasser les Castors durant l'Hiver sans courir aucun danger. Ils proposent sur tout à leurs Alliez de ne finir point la guerre, qu'aprés avoir totalement détruit leur ennemis, ou les avoir obligez d'abandonner leur Païs. Tel fut l'engagement du *Rat* avec Mr. de *Denonville*, comme je l'ai dit ci devant.

La maniére dont les Sauvages se déclarent la guerre, c'est en renvoyant un esclave de la Nation avec laquelle ils veulent se broüiller ; & lui recommandant de porter au Village de ses gens une hache dont le manche est peint de rouge & de noir. Quelquefois ils en renvoyent trois ou quatre, ausquels ils font promettre avant de partir, qu'ils ne porteront point les armes contre eux, ce que ceux-ci observent ordinairement sur leur parole.

Il ne me reste plus qu'à vous dire comment ils font la Paix. Il faut sçavoir que ce n'est jamais qu'après une longue guerre que les Sauvages tâchent d'entrer en accommodement. Mais lors qu'ils connoissent qu'il est de leur intérêt d'en venir-là, ils détachent cinq, dix, quinze ou vingt *Guerriers*, plus ou moins, pour aller faire des propositions à leurs ennemis ; quelquefois ces

Envoyez

Envoyez vont par terre, & quelquefois en Canot portant toûjours le Grand *Calumet de Paix* à la main, à peu près comme un Cornette porte son étendard. Je vous ai dit en ma septième Lettre, la vénération que tous les Sauvages de *Canada* ont pour cette fameuse pipe; il n'y a point d'exemple qu'ils en ayent jamais violé les droits sacrez avant l'Ambassade du *Chevalier De*; en revanche de l'affaire du *Rat*, comme il est expliqué dans ma dix-septième Lettre. Dès que ces Envoyez par terre arrivent à la portée du mousquet du Village, quelques jeunes gens en sortent, & se placent en figure ovale. Aussi-tôt celui qui porte ce grand *Signe de Paix*, s'avance vers eux chantant & dansant la danse du Calumet, ce qui se fait pendant que les Anciens tiennent conseil. Si les Habitans du Village ne trouvent pas à propos d'accepter la Paix; l'*Orateur* vient haranguer le porteur du Calumet, qui va rejoindre ses Compagnons : on régale cette bande pacifique de presens, qui consistent en tentes, bled, viande & poisson; mais on lui signifie de se retirer dès le lendemain. Si au contraire les Anciens consentent à la Paix, l'on va au devant de ceux qui la proposent, on les fait tous entrer dans le Village, & on les loge parfaitement bien; en les défrayant copieusement pendant tout le tems de la Négociation. Ceux qui abordent par eau détachent un Canot pendant que les autres demeurent derrière, & dans le moment qu'il approche du Village,

on

Tom. 2. Pag. 189.

Arme des Hurons.

Arme des Outaouas. 5.e Nation.

Arme des Nadouessis appellés Scioux.

Arme des Ilinois.

on envoye un autre Canot au devant de lui pour le recevoir & pour le conduire à l'Habitation, où les Cérémonies que je viens de dire se font aussi de la même manière. Ce *grand Calumet* sert aussi à tous les Sauvages amis qui demandent passage, soit par terre soit en Canot, pour aller à la guerre ou à la Chasse.

Des Armoiries de quelques Nations Sauvages.

APrès tout ce que je vous ai dit de l'ignorance des Sauvages à l'égard des Sciences, vous ne trouverez pas étrange de ce qu'ils ignorent aussi celle du Blason. Les figures ici jointes vous paroîtront ridicules, j'en suis sûr, car elles le sont effectivement; mais au bout du compte il faut se contenter d'excuser ces misérables sans se moquer de leur imagination extravagante. Il sufit que ces Armoiries leur servent, telles que vous les voyez, au seul usage que voici.

Lors qu'un parti de Sauvages a fait quelque coup sur les ennemis, en quelque endroit que ce puisse être, les vainqueurs ont le soin de peler des arbres jusqu'à cinq ou six pieds de hauteur à tous les endroits où ils s'arrêtent en s'en retournant en leurs Païs; ensuite à l'honneur de leur Victoire ils y peignent certaines images, avec du charbon pilé, & broyé dans la graisse ou dans l'huile. Ces marques que vous verrez dépeinte & expliquées au chapitre suivant demeurent comme gravées sur cèt

arbre

arbre dépouillé de son écorce quelquefois dix ou douze ans sans que la pluye les puisse effacer.

Il faut ceci pour faire connoître aux allans & aux venans l'exploit qu'ils ont fait. Les armes de la Nation & même quelquefois la marque particuliére du Chef du parti, y sont peintes avec les couleurs &c. dont je me suis avisé de vous faire la description.

Les cinq Nations *Outaouases* portent de *Sinople* à quatre Elans de *Sable* cantonnez & regardant les quatre angles de l'ére au mouçeau de gravier en cœur.

Les *Ilinois* portent à la feuille de Hestre, au papillon *d'argent*.

Les *Nadouessis*, ou *Sioux*, portent à l'escureuil de *Gueule* mordant une Citrouille *d'or*.

Les *Hurons* portent au Castor de *Sable* acroupi sur une Cabane *d'argent* au milieu d'un étang.

Les *Outagamis* portent à la prairie de *Sinople* traversée d'une Riviére serpentant en pal, a deux Renards de *Gueule* aux deux extremitez de la Riviére, Chef & pointe.

Les *Ponteouatamis* appellez *Puants*, portent au chien *d'argent* d'ormant sur une natte *d'or Ceux-cy suivent moins les régles du Blason que les autres*.

Les *Oumamis* portent à l'Ours de *Sable*, déchirant de ses deux pattes un arbre de *Sinople*, moussu & couché en face.

Les *Outchipoues* appellez *Sauteurs* portent à

Arme des Outagamis appellées Renards

me des Outchipoues appellées Sauteurs

me des Oumamis

me des Poutéouatamis appellées Puants

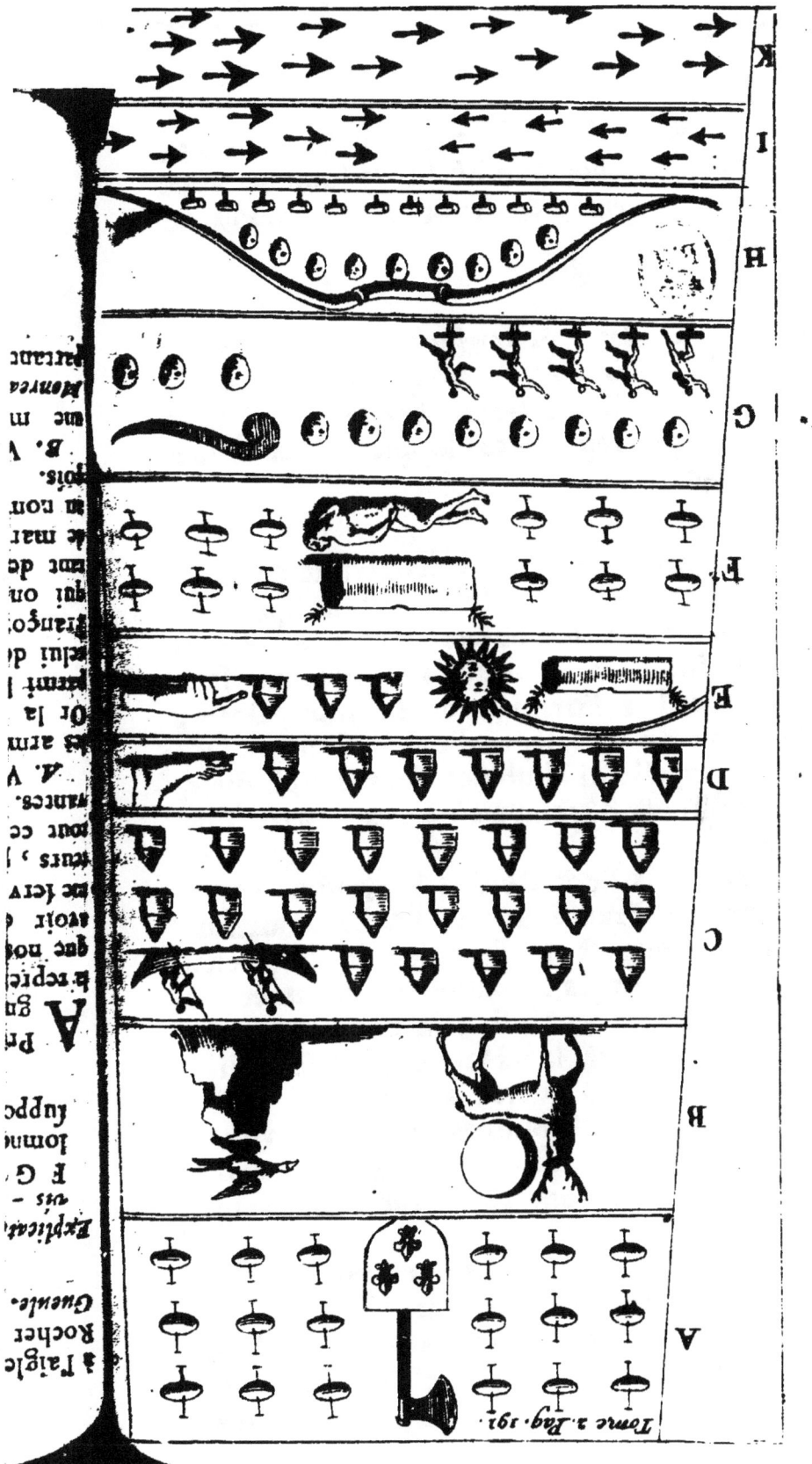

à l'aigle de *Sable* perché fur le fommet d'un Rocher *d'argent*, & devorant un hibou de *Gueule*.

Explication des Hieroglyphes ici dépeints vis-à-vis des Lettres A B C D E F G H I K. *Placées à côté de la Colomne qui represente le pied d'un arbre supposé.*

A Prendre le mot de Hiéroglyphe en fa fignification naturelle, c'eft uniquement la repréfentation des objets facrez & divins que nos idées fe forment; cependant fans avoir égard à l'origine de ce mot Grec, me fervant du privilège d'une infinité d'Auteurs, j'appellerai fimboles Hiéroglyphiques, tout ce qui eft dépeint à côté des Lettres fuivantes.

A. Vis-à-vis de cette Lettre, vous voyez les armes de France & une hache au deffus. Or la Hache eft le fimbole de la guerre parmi les Sauvages, comme le Calumet eft celui de la Paix; ainfi cela fignifie que les François ont levé la Hache, c'eft-à-dire qui ont été à la guerre au nombre d'autant de dixaines d'hommes que vous voyez de marques aux environs, lefquelles étant au nombre de 18. font 180. Guerriers François.

B. Vis-à-vis de cette Lettre vous voyez une montagne qui reprefante la Ville de Monreal (felon les Sauvages) & l'Oifeau partant du fommet fignifie le départ. Cette

Lune

Lune fur le dos du cerf fignifie le tems du premier quartier de celle de Juillet, appellée la Lune au Cerf.

C. Vis-à-vis de cette Lettre vous découvrez un Canot qui fignifie qu'on a voyagé par eau autant de journées que vous y voyez de Cabanes. C'eft-à-dire 21. jours.

D. ⟨Vi⟩s-à-vis de cette lettre vous découvrez un pied qui fignifie qu'on a marché enfuite autant de jours que vous y voyez de Cabanes ; c'eft-à-dire 7. journées de Guerriers, chacune valant 5. lieuës communes de France, ou de vint au degré.

E. A côté de cette Lettre vous voyez une main, & trois Cabanes, qui fignifient qu'on eft approché jufqu'à trois journées du Village des *Iroquois Tfonontouans*, dont les armes font la Cabane avec les deux arbres panchez que vous découvrez. Enfuite ce Soleil marque que c'eft juftement à l'Orient de ce Villages qu'on a été. Car il faut remarquer que fi l'on eut marché à l'Occident, les armes de ces Sauvages feroient placées à l'endroit où eft la main, & la main feroit tournée & placée à l'endroit où font lefdites armes d'une Cabane & deux arbres.

F. A côté de cette Lettre vous voyez douze marques qui fignifient douze dixaines d'hommes comme à la Lettre A. La Cabane avec ces deux arbres étant les armes des *Tfonontouans* fignifie que ce font des gens de cette Nation. Et l'homme qui paroît couché marque qu'ils ont été furpris.

G. Vous

G. Vous voyez à côté de cette Lettre une massue & onze têtes, ce qui signifie qu'on a tué onze *Tsonontouans*, & les cinq hommes debout sur cinq marques signifient autant de dixaines de prisonniers de guerre qu'on amêne.

H. A côté de cette Lettre vous voyez dans un arc neuf tête, c'est-à-dire que neuf des agresseurs ou du parti vainqueur, que j'ai supposé être François, ont été tuez, & les douze marques qui paroissent au dessous signifient un tel nombre de blessez.

I. A côté de cette Lettre vous voyez des fléches décochées en l'air, les unes deça les autres delà, qui signifient une bonne deffence ou une resistance vigoureuse de part & d'autre.

K. Vous voyez les fléches filant toutes d'un même côté ; supposé que les vaincus l'ont été en fuyant ou en se battant en retraite, en confusion & en desordre.

Tout ceci réduit en quatre mots veut dire que 180. François étant partis de *Monreal* au premier quartier de la Lune de Juillet Naviguerent vingt-un jour : ensuite après avoir fait trente-cinq lieues à pied, ils surprirent 120. *Tsonontouans* à l'Orient de leur Village, d'entre lesquels onze d'eux perdirent la vie & cinquante furent pris, avec perte de la part des François de neuf hommes & de douze blessez, le combat ayant été fort opiniatré.

Nous conclurons de là vous & moi que nous devons bien rendre graces à Dieu de

nous avoir donné les moyens d'exprimer nos
pensées & nos sentimens par le simple ar-
rangement de 23. Lettres, sur tout, de pouvoir écrire au moins d'une minute un discours dont les Amériquains ne sçauroient
donner l'intelligence dans une heure avec
leurs impertinens Hiérogliphes ; le nombre qu'ils en ont, quoi qu'assez médiocre, est
capable d'embarasser extrémement l'esprit
d'un Européen, ce qui fait que je me suis
contenté d'aprendre les plus essentiels plûtôt par nécessité que par curiosité. Je pourrois vous en envoyer d'autres aussi extra-
vagans que celui-ci, mais comme ils ne
vous seroient d'aucune utilité, je m'épargne-
rai la peine de les tracer sur le papier, en
vous épargnant le tems de les examiner.

Je suis Monsieur vôtre &c.

PETIT DICTIONAIRE
DE LA LANGUE
DES·SAUVAGES·

PETIT DICTIONAIRE
DE LA LANGUE DES SAUVAGES.

J'Aurois bien pû vous envoyer un Dictionaire de tous les mots Sauvages, fans en excepter aucun, avec plusieurs phrases curieuses, mais cela ne vous eut été d'aucune utilité ; il suffit que vous voyez les plus ordinaires dont on se sert à tout moment. Il y en a suffisamment pour un homme qui voudroit passer en *Cadana* ; car si pendant la traverse il apprenoit tous ceux qui sont ici, il pourroit parler & se faire entendre des Sauvages après les avoir frequentez deux ou trois mois.

Il n'y a que deux Meres Langues en toute l'étenduë de *Canada* ; que je renferme dans les bornes du Fleuve de *Mississipi*, au delà duquel il y en a une infinité d'autres que peu d'Européens on pû apprendre jusqu'à present, à cause du peu d'habitude

qu'ils

qu'ils ont eu avec les Sauvages qui y sont situez.

Ces deux Meres langues, sont la *Huronne* & l'*Algonkine*. La premiere se fait entendre des *Iroquois*, n'y ayant pas plus de difference entr'elles que du Normand au François. Il y a aussi des Sauvages qui habitent sur les Côtes de la *Nouvelle York* qui ont le même langage, à quelque chose prés. Les *Andastoguerons*, les *Torontoguerenons*, les *Erricronons* & plusieurs autres Nations Sauvages que les *Iroquois* ont totalement détruites, parloient aussi la même langue, s'entendant parfaitement bien. La seconde Langue est aussi estimée en ce Païs-là que le Grec & le Latin le sont en Europe, quoy qu'il semble que les *Algonkins*, dont elle est originaire, la deshonorent par le peu de gens qui reste de cette Nation, n'étant pas deux cens hommes tout au plus.

Il faut remarquer que toutes les Langues de *Canada*, à la réserve de celles dont je viens de parler, ne different pas tant de l'*Algonkine*, que l'Italien de l'Espagnol, ce qui fait que tous les Guerriers & les Anciens de tant de Peuples differens se piquent de la parler avec toute sorte de délicatesse. Elle est tellement necessaire pour voyager en ce Païs-là qu'en quelque lieu où l'on puisse aller, on est assuré de se faire entendre à toutes sortes de Sauvages, soit à l'*Acadie*, à la *Baye de Hudson*, dans les Lacs & même chez les *Iroquois*, parmy lesquels il s'en trouve quantité qui l'ont
appris

apprife par raifon d'Etat, quoi qu'il fe trouve plus de différence de celle-cy à la leur que de la nuit au jour.

La Langue *Algonkine* n'a ni tons ni accens, étant auffi facile à la prononcer qu'à l'écrire, & n'ayant point de lettres inutiles dans les mots. Elle n'eft pas abondante non plus que les autres Langues Amériquaines ; car les Peuples de ce Continent n'ont la connoiffance ni des Arts, ni des Sciences : Ils ignorent les termes de cérémonies & de complimens, & quantité de verbes dont les Européens fe fervent pour donner plus d'énergie à leurs difcours : Ils ne fçavent parler que pour fçavoir vivre, n'ayant aucun mot d'inutile & de fuperflus. Au refte, cette Langue n'a ny *F*, ni *V*, confone.

J'ai mis à la fin quatre tems de l'Indicatif du verbe *j'aime*. L'indicatif fe forme de l'infinitif, y ajoûtant la note perfonnelle *ni*, qui veut dire en abregé *moi* ou *je* ; tellement que *Sakia* fignifie *aimer*, au lieu qu'ajoûtant cette note perfonnelle *ni* à l'infinitif, on fait *ni fakia*, qui veut dire *j'aime*. Il en eft ainfi de tous les autres verbes.

Il eft facile de conjuguer les verbes de cette Langue ; dès qu'on fçait le préfent de l'indicatif. On ajoûte à l'imparfait *Ban* qui fait *Sakiaban*, c'eft-à-dire, *j'aimois* ; au parfait on met *ki* après la note perfonnelle ; par exemple ; *ni ki fakia*, *j'ai aimé* ; & de même au futur un *ga*, par exemple, *ni gafakia* ou *nin gafakia*, *j'aimerai*. On peut faire tous les autres tems d'un verbe avec le présent de l'indicatif, comme par exemple, j'aimerois, *ningasakiaban*; j'eusse aimé, *ni kiosakiaban*; en un mot, quand on sçait bien le présent de l'indicatif, & les particules qu'on doit ajoûter aux autres tems, on apprend cette Langue en très-peu de tems. Pour ce qui est de l'impératif, il se forme d'un *a* qu'on met à la tête de l'infinitif; par exemple, *sakia*, veut dire *aimer*: *Asakia*. veut dire *aime*, & le pluriel *aimons*, se fait en ajoûtant *ta* à la queuë de l'infinitif, par exemple, *sakia*, c'est *aimer*, & *sakiata* veut dire *aimons*. Il ne nous manque plus que les notes personnelles, c'est-à-dire.

Je ou Moi,	*Nir*,	Vous,	*Kiraoua*.
Tu ou Toi,	*Kir*,	Vous & nous,	*Kiraoueint*.
Il ou Lui,	*Ouir*,	Ils ou eux,	*Ouiraoua*.
Nous,	*Niraoueint*.		

A.

ABandonner, délaisser, j'abandonne, *Packitan*.
Secourir, j'accours, *Pitchiba*.
Agréer, plaire, j'agrée, *Miroüerindan*.
Aider, assister, *Maouincoua*.
Aimer, chérir, *Sakia*.
Aiguille à coudre, *Chabounikan*.
Aller par terre, je vas, *Tija*.
Aller par eau, *Himista*.
Appeller, nommer, *Tichinika*.
A présent, *Nongom*.
Arriver, j'arrive, *Takouchin*.
Assez, c'est assez, *Mimilic*.

Avare,

Avare, *Safakiffi.*
Aviron, *Appoué.*
Aujourd'hui, *Ningom.*
Avoir, *Tindala.*
Autrefois, *Piraouigo.*
Autre, *Coutac.*
Avoine, folle Avoine, inconnuë en Europe, *Malomin.*
Anglois, *Ouatfakamink dachirini.*
Admiration des Sauvages, c'est admirable, *Pilaoüa*, en ce cas c'est par dérision.

·B·

Barbe, *Mifchiton.*
Baril, *Aoyentagan.*
Bague, anneau, *Dibilinchibifon.*
Bales, *Alouïn.*
Barbuë, Poisson, *Malemek.*
Batefeu, fusil à faire du feu, *Scoutekan.*
Bas, chausses, *Mitas.*
Battre, je bats, *Packité.*
Brave, courageux Soldat, *Simaganis.*
Beau, *Olichichin.*
Beaucoup, *Nibila.*
Bien-tôt, *Kegatch.*
Bien, voilà qui est bien, *Oüeoüelim.*
Bien, & bien, & donc, *Achindach.*
Bois à brûler, *Mittik.*
Bled d'Inde, *Mitamin.*
Blanc, *Ouabi.*
Boire, je bois, *Minikoue.*
Bon, *Kouslatch.*
Borgne, *Pafkingoé.*
Bouclier, *Pakakoa.*

Boyau, *Olakich.*
Bouillon, ou suc, *Ouabou.*
Bord, de l'autre bord, ou côté, *Gaamink.*
Boiteux, *Kakikaté.*
Bouteille, *Chichigoué.*
Brochet, *Kinongé.*
Bouillie, ou suc de farine de bled d'Inde, *Mitaminabou.*

C.

Castor, animal, *Amik.*
Ca, or sus, *Mappe.*
Capot, *Capotiouian.*
Canard, *Chichip.*
Castor, peau de Castor, *Apiminikoue.*
Canot, *Chiman.*
Camarade, chez mon Camarade, *Nitché, Nitchikoue.*
Cachete, en cachete, *Kimouch.*
Cabane, *Ouikiouam.*
Capitaine, Chef, *Okima.*
C'en est fait, *Chayé.*
Cerf, *Michroué.*
Cendre, poudre, poussiere, *Pingoé.*
Cela, *Manda.*
Celui-là, *Maba.*
Chauderon, *Akikons.*
Chaudiere, *Aki.*
Chevreüil, *Aouaskech.*
Chemise, *Papakiouian.*
Chasser, je chasse, *Kiousse.*
Chercher, je cherche, *Nantaouerima.*
Chemin, *Mickan.*
Chaud, *Akichatté.*

Cheveux,

Cheveux ; *Liſſis*.
Chez moi, *Entayank*.
Chien, *Alim*.
Petit Chien, *Alimons*.
Chacun, *Pepegik*.
Changer, je change, *Miſcoutch*.
Ciel, terre d'enhaut, *Spiminkskouin*.
Corps, *Yao*.
Connoître, je connois, *Kikerima*.
Coucher, *Ouipema*.
Comment, *Tani*.
Couteau, *Mockoman*.
Couteau crochu, *Coutagan*.
Courage, j'ai courage, *Tagouamiſſi*.
Couverture de laine blanche, *Ouabiouian*.
Combien, *Tantaſou* ou *Tanimilik*.
Courir, *Pitchibat*.
Cul, *Miskoaſab*.
Culotes, circonlocution, ce qui cache le cul, *Kipokitie Koaſab*.
Champs enſemencez, *Kittegamink*.
Chanter, *Chichin*.
Conſtruire Vaiſſeaux ou Canots, *Chimanike*.
C *, *Maskimout*.
Croire, *Tikerima*.
Cuillere, *Mickouan*.

D.

Danſer, je danſe, *Nimi*.
Danſe, des Sauvages, au ſon des calebaſſes, *Chichikoue*.
Darder, je darde, terme uſité pour dire &c. *Patchipaoua*.

D'abord, *Ouibatch*.
Déliberer, résoudre, je détermine, *Tibe- lindan*.
Dérober, *Kimoutin*.
Dents, *Tibit*.
Demain, *Ouabank*.
Aprés demain, *Ousouabank*.
Dire, je dis à quel, *Tita*.
Dit-il, il dit, terme fort usité, *Youa*.
Dieu du Ciel, Maître de la vie. Grand Esprit, être inconnu, *Kitchi Manitou*.
Donner, je donne, *Mila*.
Doucement, *Peccabogo*.
Dormir, *Nipa*.
D'où, *Tanipi*.
Diable, méchant esprit ; *Matchi Manitou*.
Deça en deça, *Undach*.

E.

Eau, *Nipi*.
Etre, rester, *Tapia*.
Eau de vie, Sue ou bouillon de feu, *Scou- tiouabou*.
Ensemble, *Mamaone*.
Entendre, *Nisitotaoua*.
Ensuite, *Mipidach*.
Et, *Gaye* ou *Mipigaye*.
En verité, *Keket*.
Enfant, petit enfans ; *Bobilouchins*.
Et bien, & donc qu'est-ce, *Taninentien*.
En autre endroit, ailleurs, *Coutadibi*.
Encore, *Minaouatch*.
Entiérement, *Napitch*.
En avant dans les bois, *Nopemonk*.

Esti-

Eſtimer, je conſidere, j'honnore *Napitelima*.

Ecrire, j'écris, *Maſsnaike*.

Epée, *Simagan*.

Eſprit, avoir de l'eſprit, *Nibouacka*.

Eſprit, intelligence être inviſible, *Manitou*.

Eſclave, *Ouackan*.

Etoile, *Alank*.

En deçà, *Undachdibi*.

Egal, ſemblable, l'un comme l'autre, *Tabiſcoutch*.

Eſturgeon, poiſſon, *Lamek*.

Etonnant, c'eſt étonnant ou admirable, *Etteoué*.

F.

Faire, je fais, *Tochiton*.

Fatiguer, je ſuis fatigué *Takouſi*.

Faim, j'ai faim, *Puckaté*.

Fâcher, je me fâche, *Iſkatiſs*.

Faire ou tirer du feu d'une pierre, *Scouterke*.

Faire la cuiſine, je fais chaudière terme, *Poutaome*.

Feu, *Scoute*.

Fer, *Piouabik*.

Femme, *Ickoue*.

Fille, *Ickoueſsens*.

Fort, forterelle, *Ouackaigan*.

Fort, ferme, dur, *Maſchkroua*.

Fort, homme de force, *Mach Kaoueſſi*.

Fourche, *Naſsaouakouat*.

Frere, *Nicanich*.

France ; Païs des François *Mittigouchiouek endalakiank.*
Froid, avoir froid, *Kikitch.*
Fuzil, *Paskigan.*
Fumer, je fume du tabac, *Pestakse.*
Fumer, faire fumée, *Sagassoa.*
François, appellez constructeurs de Vaisseaux, *Mittigouch.*
Fils ; enfant, *Nitianis.*
Fortifier, je fais des forts, *Ouackiiks.*

G.

Garder, je conserve, *Ganaouerima.*
Gagner au jeu, je gagne, *Packitan.*
Grand, en mérite, valeur, courage, &c. *Kitchi.*
Grand, haut, *Mentitou.*
Gouverner, je dispose, *Tiberima.*
Graisse, *Pimite.*
Gens, peuples, *Irini.*
Guerre, *Nantobali.*
Guerriers, *Nantobalitchik.*
Gouverneur Général de Canada, *Kitchi okima simaganicto*, c'est-à-dire grand Capitaine de guerre, ou grand Chef des Soldats.
Guerroyer, faire la guerre, *Nantoubalima.*
Geler, *Kissin.*
Il gele fort, *Kissina mayat.*

Hair,

H.

Hair, j'abhorre, *Chinguerjma*.
Hache grande, *Agackouet*.
Hache petite, *Agackouetons*.
Haut, en haut, *Spimink*.
Herbe, *Myask*.
Hiver, *Pipoun*.
Hier, *Pitchilago*.
Homme, *Alisinape*.
Honorer, *Mackiouala*.
Hiverner, je passe l'hiver, *Pipounichi*.
Hurons, peuples, *Nadouek*.

I.

Iroquois, au pluriel, *Matchinadouek*.
Jamais, *Kaouicka*.
Jaune, *Ouzao*.
Jesuite, robe noire, *Mackate ockola*.
Jetter, je jette, j'abandonne terme de répudier sa femme, *Ouebinan*.
Jeune, *Ouskinckissi*.
Ici, *Achonda* ou *achomanda*.
Joli, propre, *Sasega*.
Jour, un jour, *Okonogat*.
Joüer, *Packigoué*.
Incontinent, *Ouibatch*.
Ile, *Minis*.
Isle, peninsule, *Minissin*.
Ivre, fou, ivrogne, *Ouskouebi*.
Imposteur, *Malatissi*.

Laisser

L.

Laisser, *Packitan.*
Langue, *Outon.*
Lac, grand Lac, *Kitchigamink.*
Là, par là, *Mandadibi.*
Là loin, par là haut, *Ouatsadibi.*
Las, je suis las, *Takousi.*
Liévre, *Ouapous.*
Liberal, *Oualatissi.*
Loup, *Mahingan.*
Long-tems; il y a long-tems, *Chachayé.*
Loin, *Ouatsa.*
Loutre, *Nikik.*
Lumiére, clarté, *Vendao.*
Lettre, *Masinaygan.*
Lune, l'Astre de la nuit, *Debikat Ikizis.*

M.

Marcher, je marche, *Pimousse.*
Marier, je prens femme, *Ouiouin.*
Manger, *Ouissin.*
Mauvais, marchant parlant des Iroquois *Malatissi.*
Malicieux, fourbe, qui a le cœur mauvais, *Malatchitehe.*
Maîtresse, amie, *Nirimousens.*
Male, *Nape.*
Malade, *Outineous.*
Ma●, qui est marié, époux, *Napema.*
Marchandises, *Alokatchigan.*
Mer, grand Lac sans bornes, *Agankitchigaminck.*

Me-

Medecine breuvage, *Maskikik*.
Miroir, *Ouabemo*.
Mort, *Nipowin*.
Mourir, je me meurs, *Nip*.
Moucher la chandelle, atizer le feu, *Ouafacolendamaoua*.
Moitié, *Nabal*.
Mal, cela va mal, cela ne vaut rien, *Napitch*, *Malatat*.

N.

Non, nenni, *Kat*.
Nez, *Yach*.
Nouvelles, *Tépatchimou Kin*.
Nouvelles, je porte nouvelles, *Tépatchimou*.
Nuit, *Deb.k.st*.
Noir, *Mackatè*.
Nager, ramer, *Tapoue*.
Naviguer, je navigue, *Pimifca*.

O.

Ouy, *Mi* ou *Mincouti*.
Ouy fans doute, vrayment ouy, *Ans* ou *Sankema*.
Oifeau: *Pilé*.
Orignal, Elan, *Mons*.
Ours, *Mackoua*.
Ourfin, petit Ours, *Makons*.
Où est-il? De quel côté est-il? *Tanipi api*.
D'où viens-tu? dequel côté viens-tu? *Tanipi endayonk*.
Où vas tu? de quel côté va tu; *Taga Kitij a*.

Ori-

Orignal, jeune & petit, *Manichich*.
Où, *Ta*.

P.

Parler, *Galoula*.
Pain, *Pa bouchikan*.
Part, en quelle part, *Ta nipi*.
Païs, *Endalakian*.
Paix, *Peca*.
Faire la Paix, *Pecatchi*.
Parent, *Taouema*.
Payer, je paye, *Tipaham*.
Pes encore, *Ka Maschi*.
Parce que, ou, dautant que, *Miouinsh*.
Paresseux, *Kitsimi*.
Perdrix, *Pilesiou*.
Peau, *Pack kin*.
Personne, *Kagouetch* ou *Kaouia*.
Penser, avoir opinion, *Tilelindan*.
Petit, *Ouebiloucheins*.
Pere, mon pere, *Nouscé*.
Pendant que, *Megoatch*.
Peu, *Me Mangis*.
Peine, être en peine, être inquiet, *Tatimissi*.
Pisser, *Minsi*.
Pile mortier de bois à piler du bled d'Inde, *Poutagan*.
Pitié, avoir pitié, *Chaouerima*.
Persuasion, *Tirerigan*.
Pierre, *assin*.
Pipe, Calumet, *Poagan*.
Pluye, *Kimiouan*.
Plein, *Mouskinet*.

Plat

DE L'AMÉRIQUE.

Plat, dérable, *Soule Mickoan.*
Puis, ensuite, *Mipidach.*
Poissons, *Kikons.*
Poissons blanc, *Attikamek.*
Pourcelaine, grain de pourcelaine, *Aoüiés.*
Point du tout, *Kamamenda.*
Poil des animaux, *Pioüal.*
Portage, *Cappatagan.*
Porter, *Pitou ou Pita.*
Poursuivre, *Nopinala.*
Point du tout, *Kagouetch.*
Pourquoi, *Taninentien.*
Poudre à tirer, *Pingoa Mackate.*
Prendre, je prens, *Taksunan.*
Printems, *Mirockamink.*
Propre, *Safega.*
Prier Dieu, *Talamia Kitchi Manitou.*
Proche, *Pechouetoh.*
Perdre au jeu, je pers, *Packilague.*

Q.

Qui est-ce ? *Ouansouiné.*
Qui est celui-là ? *Ouansouiné Maba.*
Qui-à-til ? *Kekouanen.*

R.

Racine, *Ouftikoues.*
Raison, avoir raison, *Topoa.*
Rencontrer, *Nantounsoua.*
Reposer, *Chinkichin.*
Regarder, *Otabemo.*
Regreter, *Goüilóma.*
Riviére, *Sipin.*

Rien,

Rien, *Kakegou.*
Rire, *Papi.*
Robe, *Ockola.*
Roi de France, grand Chef des François, *Mittigou, Kitchi, Okima.*
Rouge, couleur, *Miscoue.*
Rouge, poudre rouge estimée des Sauvages, *Oulamar.*
Renard, *Outagami.*
Raisin, *Chœmin.*
Respecter, *Talamika.*

S.

Sac, *Maskimout.*
Sachet à tabac, *Caspitagan.*
Sans doute, *Antetatouba.*
Sang, *Miscoue.*
Saluer, *Macksaula.*
Sable, *Negao.*
Sçavoir, *Kikerindan.*
Soldat, *Simaganich.*
Soleil, *Kisis.*
Souliers, *Mackisin.*
Suër, *Matoutou.*
Songer, penser, *Tilelindan.*

T.

Tabac, *Sema.*
Tasse d'écorce, *Oulagan.*
Terre, *Acke* ou *Ackouin.*
Tête, *Oustikouan.*
Tems, il y a long-tems, *Chachaye Peraouigo.*

Tout par tout, *Alouch bogo.*
Tomber, *Pank sin.*
Tourterelle, *Mimi.*
Toujours, *Kakeli.*
Tour, *Kakina.*
Troquer, *Tataouan.*
Très-fort, *Magat.*
Triste, être triste, *Talimiſſi.*
Trouver, *Nantouneona.*
Trop, *Oſſam.*
Trop peu, *Oſſame mangis.*
Tuer, *Niſſa.*
Tien, prend *Emanda.*
Tous, *Miſſouté.*

V.

Vaiſſeau, ou grand Canot, *Kitchi Ciman.*
Valeur, c'est de valeur, de conſequence &c. *arimat.*
Verſer, *Sibkinan.*
Verité, en verité, *Kiket.*
Vent, *Loutin.*
Ventre, *Miſchimout.*
Venir, *Pimatcha.*
Vite, *Ouelibik.*
Village, *Oudenanc.*
Vin, ſuc ou bouillon de raiſin, *Choemin abou.*
Viſiter, rendre viſite, *Pimacœtiſſa.*
Vieux, *Kiouechains.*
Vivre, *Noutchimou.*
Viande, *Oüaſ.*
V*, *Patchagon.*

Vö-

Voilà, qui est bien, *Oueouelim.*
Voler, piller, dérober, *Kimoutin.*
Voir, *Ouabemo.*
Vouloir, *Ouisch.*
Vie, *Noutchimoün.*

Y.

Yeux, *Ouskinchic.*

Je me contente de mettre ici seulement les quatre tems de l'indicatif d'un seul verbe, sur quoi on pourra se régler pour tous les autres. J'aurois bien pû m'étendre un peu plus sur cette matiere; mais il y auroit tant de choses à dire qui m'entraineroient de l'une à l'autre, qu'il faudroit à la fin me résoudre à faire une Grammaire en forme.

Aimer, *Sakia.*

Presént.

J'aime, *Nisakia,*
Tu aimes, *Kisakia.*
Il aime, *Ousakia.*
Nous aimons, *Nisakiamin.*
Vous aimez, *Kisakiaoua.*
Nous & vous aimons, *Kisakiaminuoua.*
Ils aiment, *Sakiaouak.*

Imparfait.

J'aimois, *Nisakiaban.*
Tu aimois, *Kisakiaban.*
Il aimoit, *Ousakiaban.*

DE L'AMERIQUE. 215

Nous aimions, *Ni sakiaminaban.*
Vous aimiez, *Ki sakiaouaban.*
Nous & vous aimions, *Ki sakiminaouaban.*
Ils aimoient, *Sakabanik.*
J'ai aimé, *Ni kisakia.*
Tu as aimé, *Ki kisakia.*
Il a aimé, *Ou kisakis.*
Nous avons aimé, *Ni kisakiamin.*
Vous avez aimé, *Ki kisakiaoua.*
Nous & vous avons aimé, *Ki kisakiaminaoua.*
Ils ont aimé, *Kisakaouak.*
J'aimerai, *Ningasakia.*
Tu aimeras, *Ki gasakia.*
Il aimera, *Ou gasakia.*
Nous aimerons, *Nin gasakiamin.*
Vous aimerez, *Ki gasakiaoua.*
Nous & vous aimerons, *Ki gasakiaminaoua.*
Ils aimeront, *Gasakiaouak.*
Aime, *Asakia.*
Aimons, *Asakiata.*

A l'égard des noms ils ne se déclinent point, le plurier se forme d'un *k*, qui finit en voyelle à la fin du mot, par exemple : *Alisinape*, qui signifie un homme ; on dit au plurier *Alisinapek*, c'est à dire, des hommes ; & s'il s'acheve par une consone, on n'a qu'à ajoûter *ik*, par exemple *minis*, signifie une Ile, auquel mot posant *ik* à la fin, on trouvera *Minissik*, qui sont des Iles. De même que *Paskisigan*, qui signifie un fusil au singulier, & *Paskisiganik*, des fusils au plurier.

Manière de compter des Algonkins.

Un, *Pegik.*
Deux, *Ninch.*
Trois, *Nissoue.*
Quatre, *Neou.*
Cinq, *Naran.*
Six, *Ningotouassou.*
Sept, *Ninchouassou.*
Huit, *Nissouassou.*
Neuf, *Changassou.*
Dix, *Mittassou.*
Onze, *Mittassou, achi, pegik.*
Douze, *Mitassou achi ninch.*
Treize, *Mitassou achi nissoue.*
Quatorze, *Mitassou achi neou.*
Quinze, *Mitassou achi naran.*
Seize, *Mitassou achi ningotouassou.*
Dix-sept, *Mitassou achi ninchouassou.*
Dix-huit, *Mitassou achi nissouassou.*
Dix-neuf, *Mitassou achi changassou.*
Vingt, *Ninchtana,*
Vingt-un *Ninchtana achi pegik.*
Vingt-deux, *Ninchtana achi ninch.*
Vingt-trois, *Ninchtana achi nissoue.*
Vingt-quatre, *Ninchtana achi neou.*
Vingt-cinq, *Ninchtana achi naran.*
Vingt-six, *Ninchtana achi ningotouassou.*
Vingt-sept *Ninchtana achi ninchouassou.*
Vingt-huit, *Ninchtana achi nissoasso.*
Vingt-neuf, *Ninchtana achi changasso.*
Trente, *Nissouemitana.*
Trente-un, *Nissouemitana achi pegik, &c.*
Quarante, *Nzoumitana.*

Cinquan-

Cinquante, *Naran mitana.*
Soixante, *Ningoutouaſſou mitana.*
Septante, *Ninchouaſſou mitana.*
Huitante, *Niſſouaſſou mitana.*
Nonante, *Changaſſou mitana.*
Cent, *Mitaſſou mitana.*
Mille, *Mitaſſou mitaſſou mita na.*

Quand on ſçaura une fois compter juſques à cent, on pourra facilement compter par dixaines, de mille juſques à cent mille, qui eſt un nombre quaſi inconnu des Sauvages, & par conſequent inuſité en leur Langue.

Au reſte, il faut prendre garde de bien prononcer toutes les lettres des mots, & d'appuyer ſur les *A*; qui ſe trouvent à la fin. On n'a pas de peine à le faire, car il n'y a point de lettre du gozier, ni du palais, comme le *j* conſone des *Eſpagnols*, leur *g* ou leur *x*, non plus que comme le *th* des *Anglois*, qui met une langue étrangere à la torture.

Je dirai de la Langue des *Hurons* & des *Iroquois* un choſe aſſez curieuſe, qui eſt qu'il ne s'y trouve point de lettres *labiales*; c'eſt-à-dire de *b*, *f*, *m*, *p*, Cependant cette Langue des *Hurons* paroît être fort belle & d'un ſon tout à fait beau; quoi qu'ils ne ferment jamais leurs levres en parlant.

Les *Iroquois* s'en ſervent ordinairement dans leurs Harangues, & dans leurs Conſeils, lors qu'ils entrent en négociation avec les *François* ou les *Anglois*. Mais entre

tre eux ils ne parlent que leur langue maternelle.

Il n'y a point de Sauvages en *Canada* qui veüillent parler *François*, à moins qu'ils ne croyent qu'on pourra concevoir la force de leurs paroles, tellement qu'ils le veulent bien sçavoir avant que de s'exposer à vouloir s'expliquer, à moins que la necessité ne les y oblige, lors qu'ils se trouvent avec des Coureurs de bois qui n'entendent pas leur Langue.

Je dis donc, pour revenir à celle des *Hurons*, que n'ayant point de lettres *labiales*, non plus que les *Iroquois*, il est presque impossible que les uns ni les autres puissent jamais bien apprendre le François: J'ai passé quatre jours à vouloir faire prononcer à des *Hurons* les lettres *labiales*, mais je n'ai pû y réüssir, & je crois qu'en dix ans ils ne pourront dire ces mots, *Bon*, *Fils*, *Monsieur*, *Pontchartrain*; car au lieu de dire *Bon*, ils diroient *Ouon*; au lieu de *Fils*, ils prononceroient *Rils*; au lieu de *Monsieur*, *Caounsieur*, au lieu de *Pontchartrain*, *Coutchartrain*.

J'ai mis ici quelques mots de leur Langue, afin que vous voyez par curiosité la différence qu'il y a de la précedente à celle-ci; dont vous pourrez faire telle remarque qu'il vous plaira. Au reste, elle se parle avec beaucoup de gravité, & presque tous les mots ont des aspirations, l'*H* devant être prononcée le plus qu'il est possible.

DE L'AMERIQUE.

Je ne sçache point qu'aucune Langue Sauvage de Canada ait de F. Il est vrai que les *Essanapés* & les *Gnacsitares* en ont ; mais comme ils sont situez au delà du *Mississpi* sur la *Riviere Longue*, ils sont au delà des bornes du *Canada*.

Quelques mots Hurons.

Avoir de l'Esprit, *Houdioun*.
Esprit, Divinité, *Ocki*.
Le feu, *Tsista*.
Le fer, *Aouista*.
Femme, *Ontehtien*.
Fusil, *Ouraouenta*.
Se fâcher, être fâché, *Oungaroun*.
Il fait froid, *Outoirha*.
Graisse, *Skoueton*.
Homme, *Onnenhoue*.
Hier, *Hiorheha*.
Jesuite, *Tsistatsi*.
Loin, *Deheren*.
Loutre, *Taouinet*.
Non, *Staa*.
Ouy, *Endae*.
Calumet, pipe, *Gammondaoua*.
Proche, *Touskeinhia*.
Soldats, *Skanraguetté*.
Saluer, *Igonoron*.
Des Souliers, *Arrachiou*.
Je trafique, *Attendinon*.
Tout, à fait, *Tiaundi*.
Tous, *Aouetti*.
Tabac, *Oyngoua*.
C'est de valeur, difficile, de consequence,
Ganneron. S'es

K 2

S'en aller, *Saraskoua*.
Avare, *Osnonsté*.
Beau, propre, *Akouasti*.
Beaucoup, *Atoronton*.
Voilà qui est bien, *Andeya*.
Je bois, *Ahirrha*.
Bled d'Inde, *Onneha*.
Des Bas, *Arrhiok*.
Une Bouteille, *Gatseta*.
Brave, qui a du cœur, *Songuitche*.
C'en est fait, *Houna*.
Mon frere, *Tatsi*.
Mon Camarade, *Tattaro*.
Le Ciel, *Toendi*.
Cabane, *Honnonchia*.
Cheveux, *Eonhora*.
Capitaine, *Otcon*.
Chien, *Agnienon*.
Doucement, *Skenonha*.
Poux, *Skenon*.
Je dis, *Attatia*.
Demain, *Achetezk*
Etre, *Sackie*,

TABLE DES MATIERES

CONTENUES DANS LES DEUX TOMES.

A.

Acadie, Sa description, Tome II. pag. 24. & suiv.

Adam, Un Medecin Portugais prétend que tous les hommes ne sont pas descendus de lui. 150

Adario, ou le *Rat*, Grand Chef des Hurons. 117

Adorations des Sauvages, Tome II. p. 125. Voyez aussi pour ce qu'ils ont de particulier les pages précedentes depuis 90.

Aiman, comment il varie.

Agonkins, peuples de Canada bien faits très-agiles, leur langue y est estimée. 19. 20. Les Iroquois en ont bien détruit les trois quarts. 23

Amours & Mariages des Sauvages. Tome II. p. 130.

Amblemont (Mr. d') 90

Anastase (le Pere) Recolet. 114

Angeleran (le Pere) Jesuite, reçoit un coup de fusil dans les parties. 99

TABLE

Anguilles, la Pêche en est curieuse. 22
Animaux de differentes sortes, 79. & suiv. Tome II. p. 38. & suv. Explication. 40. 44
Anse du Tonnerre. 113
Atterrer, voyez l'explication des Termes de Marine.
Arbres & fruits de Canada, Tome II. 57. & suiv. Explication. 58. & suiv.
Armoiries des Sauvages, Tome II. 189
Arpent de terre, ce que c'est. 10
Arpentigni (Mr. d') 195
Aveneau (le Pere) Jesuite. 110
Aunay (le Comte d') donne la chasse à un grand Vaisseau. 225

B.

Banc de Terre-Neuve. 2
Baptême qui se pratique par les gens de Mer. 4
Barre (Mr. de la) 9. Leve des Milices. 38. Indisposé. 43. 45. Repentant de son entreprise. 45. Discours qu'il fait à la Grangula chez des Iroquois. 48
Bayes de Saguinan. 112. des Pouteouatamis. 137 de l'Ours qui dort. 179. de Hudson. 187. de Teranto. 239
Bechefer (le Pere) Jesuite. 226
Bergeres (Mr. de) Officier. 101. 131
Blé d'Inde, grand Commerce qui s'en fait. 137
Bœufs sauvages. 161. 162. 172.
Bonnaventure (Mr. de) Capitaine. 196
Brouillon (Mr. de) Gouverneur de Plaisance,

DES MATIERES.

-ce, reçoit mal la civilité de l'Auteur. 156.
& suiv.
Bruyas (le Pere) Jesuite. 27
Bureaux des Ministres d'Etat en France. Description que l'Auteur en fait. 220

C.

Canada bon Païs. 10. Comment le bled s'y recueille *ibid.* Tout n'y est presque que Forêt. 11. Comment s'est peuplé. *ibid.* Le froid y est excessif depuis Décembre jusqu'en Avril. 13
Canada, description abregée de ce Païs. Tome II. 5. Quand & par qui il a été découvert. Tome II. 7. Son Gouvernement. 72. & suiv. Abus à réformer en Canada. 81
Canadiens sont robustes & bien faits, Tome II. 81. Leurs Habits, Logemens, complexion & tempéramant. Tome II. 90. Leurs mœurs & manieres ; Tome II. 97. & suiv. Leur croyance, Tome II. 112. Leurs maladies & remedes, Tome II. 144. Leur Chasse, Tome II. 155. leurs Guerres, Tome II. 174.
Callieres, Gouverneur. 59
Calumet de Paix, ce que c'est. 47
Campagne faite sans grand succès au Païs des Iroquois. 92. & suiv.
Canots d'écorce, 19. Leur description. 34. 35. & suiv. Meilleurs que les autres. 108
Cap de Raye. 5. Cap Breton. 6. Cap Tourmente. 7
Cangrene, ne se met jamais aux blessures des Sauvages,

K 4

TABLE

Sauvages, Tome II. 150
Carcajoux, sorte d'Animaux. 81
Carguer, voyez le petit Dictionaire.
Caribou, espece d'âne sauvage. 77
Cartier (Jaques) un des premiers qui ait été à la découverte du Canada. Tome II. 7
Cascade d'une lieuë & demie de longueur. 61. Autre ou Saut fort remarquable. 107
Casteins (le Baron de S.) Gentilhomme de Bearn, rendu recommandable parmi les Sauvages. Tome II. 28
Castors apprivoisez comme des Chiens, 139. Il y en a deux especes. *ibid.* Erreur des Naturalistes, qui prétendent que ces Animaux se coupent les testicules quand ils sont poursuivis par les Chasseurs 140. Description de cet Animal. 141
Cataractes. 40. *& suiv.* 56. 93. 107. 133.
Cavelier (Mr.) 114
Cerfs, Grande Chasse qui s'en fait. 84
Chambli, sa description. 61
Champigni, (Mr. de) Intendant de Canada. 72. 90. 92. 189.
Chanter; les Peuples de Canada *chantent* jour & nuit, quand ils tombent entre les mains de leurs Ennemis. 93
Chasse aux Orignaux. 73 Autre Chasse curieuse de divers Animaux. 78. *& suiv.* Chasse aux Bœufs sauvages. 162. 169. Tome II. 26. 31. Chasse des Sauvages, Tome II. 155
Chef (Grand) des Sauvages, grand honneur qu'on lui porte. 157
Chenail. Voyez ce que c'est à l'explication des termes de Marine.
Chevaux de Canada, semblent être insensibles

DES MATIERES

sibles au froid. 18
Colliers, ce que c'est. 47. 48
Collin, Interprete de la Langue Iroquoise. 205
Combat de l'Auteur contre un Vaisseau Anglois. 226. 227. Contre un Corsaire de Flessingue. 263. 264.
Commerce clandestin défendu, 62. Commerce de Pelleteries & de Bled d'Inde. 137. Commerce de Canada en général, Tome II. 65
Congez pour le Commerce, ce que c'est. 69
Côtes, différence entre ce qu'on appelle Côte en Canada & en Europe. 9
Courselle (Mr. de) Gouverneur Général. 31. 32
Coureurs de Bois, débauches qu'ils font au retour de leurs Courses. 26
Cayssins, insectes fort incommodes. 41
Croyance des Sauvages, Tome II. 112

D.

Danse du Calumet, & celle du Capitaine. 137. 144.
Denonville (le Marquis de) vient relever Mr. de la Barre. 67. Doit faire quelque nouvelle tentative contre les Iroquois. 73. 91. A ordre de laisser retourner l'Auteur en France. 89. Voyez ce qui en est encore dit aux pag. 95. 96. 99. 102. 103. Raisons que les Iroquois de son parti ont de le quiter dans une entreprise. 100. Veut retenir l'Auteur malgré son congé. 103. Voyez encore. 110. 131. 132. 133. 134. L'Auteur le vient voir à Montreal. 189. Trahison que lui fait le Rat Chef des Hurons. 189. & suiv. Rappellé en France. 196
Diable (le) ne s'est jamais aparu aux Ame-

TABLE

riquains, Tome II. 226
Da. (l. Chevalier) 205. 206
Dorvillers, Officier. 97
Dulhut. (M.) 45. 46. 96. 103. 109. 110. 186. Tome II. 17
Durantay, (Mr. de la) prend une troupe d'Anglois. 96. Commandant des Coureurs de bois. 133
Durivau, Capitaine de Vaisseau. 57. 68
Duta (Mr.) Commandant de Troupes. 41. 227

E.

Ecclesiastiques de Canada, ont beaucoup d'autorité. 60. Tome II. 76
Ecores, ce que c'est. Voyez l'explication des Termes de Marine.
Entreprise contre les Iroquois. 122. & *suiv.* Quels talens il faut avoir pour former des *Entreprises*. 180. & *suiv.* Les autres choses necessaires pour cela, *ibid. Entreprise* des Anglois mal conduite. 209. Entreprise avantageuse proposée par l'Auteur. 238
Escarmouche entre des François & des Iroquois où les premiers furent en danger. 99
Espadon, quel poisson c'est ; & comment il se bat contre la Baleine. 6
Esprit, (le Grand) c'est le nom que les Iroquois donnent au Dieu Souverain. 31

F.

Famine. (Riviere de la) 45
Fer. (Riviere du) 62
Festin, l'Auteur est prié à un Festin chez
les

DES MATIERES.

les Iroquois. 138. Description de ce Festin. *ibid.*

Fevres (Mr. le) de la Barre, Gouverneur Général de Canada.

Fiévres, qui font mourir au deux ou troisième accès. 43

Filles de moyenne vertu envoyées pour peupler le Canada. 11. Comment leur Mariage se faisoit. 12. Filles offertes à l'Auteur; & à ses Compagnons par un Grand Chef. 161

Fleuve S. Laurent, Tome II. 7

Fontaine Marion, passé par les armes. Son Histoire. 97

Forêt (Mr. de la) Officier. 95. 96

Fort S. Joseph. 118. 123. Fort Frontenac, Voyez *Frontenac*, Fort des Outagamis. 143. De Crévecœur. 177. Fort Roland. 208

Frontenac (Mr. de) Se moquoit de la préséance des Intendans. 18. 31. Voyez encore sur ce mot les pages 57 & *suiv.* Renvoyé en la place de Mr de Denonville. 196. Fait tracer un Fort. 207. Veut faire pendre un Major Anglois. 212. De retour en Canada y veut retenir l'Auteur, & lui offre sa bourse & sa table. 198. Sa reception. 199. Part pour Montreal. 200. Avoir fort à cœur l'abandon du Fort de son nom. 201

Frontenac (Fort de) Sa description 41. 42. Il est aussi parlé de ce Fort aux pages 90. 91. 92. 93. 131. 195. 201. On le veut rétablir. 204

TABLE

G.

Gelinotes de bois, plaisir de les voir battre des aîles. 86. 87
Glaces en abondance. 7
Gouvernement de Canada en général, Tome II. 72. & suiv.
Gnacsitares, ces Sauvages ne reconnoissent point le Calumet de Paix. 158
Grangula, Chef de Guerriers. 46. 47. Répond à un Discours de Mr. de la Barre. 51.
Gregori (Major) Commandant une troupe d'Iroquois. 96
Grisolon de la Tourete, frere de Mr. Dulhut. 106
Groselier (le nommé) Va à la découverte de quelques Terres du Canada, Tome II. 14.
Guerre des Sauvages, Tome II. 174

H.

Habitations Sauvages des environs de Quebec. 21
Habits, Logemens, &c. des Sauvages, Tome II. 90
Hache, les Sauvages admirent le travail de la hache.
Hainaut, (Mr.) Capitaine de Vaisseaux. 57. 68
Harangue de l'Orateur d'une des cinq Nations. 63
Harangue faite à un mort, Tome II. 151

Helene

DES MATIERES.

Helene, (Mr. de S. (187. Mort d'une blessure. 215

Hudson (Henri) Anglois, Tome II. 12. & suiv.

Hurons, Peuples de Canada. 19. 110. & suiv. 115. & suiv. 134.

Hyerogliphes des Sauvages, Tome II. 191. & suiv.

I.

Ile aux Oiseaux. 6. *Ile* d'Anticostie, *ibid.* *Ile* Rouge, *ibid.* 7. *Ile* aux Coudres, *ibid.* 217. *Ile* d'Orleans. 14. *Ile* S. Helene, 92. *Ile* du Détour. 122. *Ile* de Manitoualin. 122. *Ile* aux Rencontres. 168. Pourquoi ainsi appellée. *ibid.* *Ile* de Terre-Neuve. 200. Description de cette Ile, Tome II. 30. *Ile* des Lievres. 228. *Ile* Percée, Tome II. 9

Incursion faites à la Nouvelle Angleterre, & à la Nouvelle York. 204

Insectes du Canada, Tome II. 50

Interêts des François & des Anglois de l'Amerique Septentrionale, Tome II. 84. & suiv.

Joliet. (le Sieur) Sa femme & sa mere échangez contre des prisonniers Anglois. 216

Jones. Navigation parmi des *Jones*. 147

Iroquois. Sont amis des Anglois, & ennemis des François 2. Ont détruit les trois quarts des Algonkins. 23. Quels sont ces Peuples. 30. A qui ils font commerce. 31. En quel endroit ils peuvent au nombre de cinquante arrêter cinq cens François, rien qu'avec

TABLE

vec des cailloux. 42. Echange qu'ils font de bonnes choses contre des aiguilles, &c. 43. *Iroquois* brûlé tout vif. 233. Sa constance. 235

Juchereau. (.Mr. de) 143

Ivre, l'être chez les Sauvages est un sujet à tous pardonner.

L.

L Abrador, grand Terre, Tome II 9. 12 *Lac* S. Pierre. 24. *Lac* Champlain, *ibid.* 31. 61. 207. Le *Lac* Ontario ou de Frontenac. 30. 101. *Lac* S. François. 40. De S. Loüis. 40. 188. Du S. Sacrement. 61. Des Hurons. 63. 108. 109. 130. Des Ilinois. *ibid.* Ste. Claire. 96. 108. Herrié ou Errié. 101. 108. 123. Tome II. 20. Des Malominis. 143. Des Nipecirinis. 188. De S. Loüis, *ibid.* Voyez Tome II. 3. & *suiv.* jusqu'à 24

Lahontan. Baronnie apartenante à l'Auteur, vendüe. 198

Laval (Mr. de) Aumonier à l'Evêché de Quebec. 134

Laurent. (St.) Baye. 5. Fleuve. 6. 10. 13. Description de ce Fleuve. 39. & *suiv.* Tome II. 7

Lettre de l'Auteur à Mr. de Segnelay. 119
Lievres en grand nombre. 76
Lorette, Village près de Quebec, habité par les Sauvages. 21

DES MATIERES.

M.

Mahu. (le Sieur) Canadien. 2
Maladies & Reméde des Sauvages Tome II. 144. & suiv.
Mantet (Mr.) Part pour reconnoître l'état du Fort de Frontenac. 201
Mariage des Filles de Joye envoyées pour peupler le Canada. 12. Plaisante avanture au sujet d'un Mariage, Tome II. 75. Mariage des Sauvages, Tome II. 130. & suiv.
Maringoüins, espéce de cousins fort incommodes. 41.
Maupeou, (le Chevalier de) Neveu de Madame de Pontchartrain. 224. 229
Medecin ignorant. 43. 44. Medecin Portugais dispute avec l'Auteur. 249. & suiv.
Meules (Mr. de) Intendant de Canada. 72
Meneval. (Mr.) Laissa prendre le Port Royal aux Anglois, Tome II. 27. 29
Metempsicose, ce qui est dit à ce sujet. 158
Mœurs & Maniéres des Sauvages, Tome II. 97
Moruës. On en pêche quantité sur le Banc de Terre-Neuve. 3
Moines (Mr. le) Gentil-homme Normand, 46.
Interprete le Discours de la Grangula. 55
Montortier, Capitaine de Vaisseaux. 57. 68
Montreal, Ville de Canada. 13. 18 Sa situation. 25. On travaille à le fortifier 59. & suiv. 68. Son Commerce. 66. L'auteur y arrive. 188
Michel (St.) Canadien. 237

Michi-

TABLE

Michitonka, Chef d'Iroquois, engagé dans le parti des François. 130. 131.

Missilimakinac, la situation de ce Païs. 62. 63.
Sa description. 114. L'Auteur part de ce lieu. 136. Il en part encore pour Monreal. 106.

Missisipi. Fleuve. 114. 115. 136. 146. 170. 173. Sa description. 175

Moxeemleck, (la Nation des) est grande & puissante. 163. Est honnête & polie. 164. 165

N.

Nations diverses des Sauvages du Canada, Tome II. 35 & suiv.
Nége en abondance. 7
Nelson. (le Capitaine) 14. 15
Niagara, Ville 45. 96. 103. 106. 111. 112. 130. 131. 132. 190 195.

O.

Oiseaux des Païs de Canada, Tome II. 44. & suiv. Explication. 46. & suiv.
Orange, (le Prince d') On apprend qu'il est proclamé Roi. 187
Oraouahé, Chef des Goyogoans, rament des Galéres en Canada. 201
Orignaux. On va à la chasse de ces Animaux avec des Raquettes. 73. Ce sont des espéces d'Elans. 94. Sa chair est délicate. ibid. Son trot égale la course du Cerf. 74. 75. Peut trotter trois jours & trois nuits

DES MATIERES

nuits sans se reposer. *ibid.* Chasse qui s'en fait. *ibid.*

Ours. du Canada, peu dangereux. 86

P.

Païsans de Canada, vivent plus commodément en Canada, qu'une infinité de Gentilshommes en France. 10
Peaux dont les Sauvages troquent avec les Européens, Tome II. 70 & *suiv.*
Pelleteries. Grand Commerce qui s'en fait. 137
Perdrix en grand nombre. 76
Perrot (Mr.) Gouverneur de Monreal. 25. 57. Tome II. 27
Peuples Sauvages de divers noms & langages. Tome II. 36. & *suiv.*
Plante, (Mr. de la) Esclave chez les Sauvages, repris. 233
Plaisance, vainement attaqué par les Anglois. 243. & *suiv.* Les Anglois ont dit qu'ils l'auroient pris sans l'Auteur. 248. Autre tentative des Anglois. 256. & *suiv.* Description de ce poste, Tome II. 32
Piquer de fond. Voyez l'explication de Termes de Merine. 44
Poissons blancs. 116. *Poissons* divers, Tome II. 51. & *suiv.* Explication. 53
Portage. 106. 145. 177
Port-Neuf (Mr. de) Gentilhomme Canadien, 204.
Port-Royal, Capitale de l'Acadie, Tome II. 27. 29. 30.
Poteau, appellé la Borne de Lahontan. 168

Pré-

TABLE

Prêtres, Seigneurs de Montreal, leur zele indiscret, nomment les gens en Chaire. 60. Défendent tous les Livres qui ne traitent pas de dévotion. *ibid.*

Prisonniers qui chantent jour & nuit. 93. Constance d'un prisonnier. 94

Puants. (la Baye des) 15

Puces, en plus grand nombre que les grains de sable. 24

Q.

Quebec. (Ville de) 7. C'est la Capitale de la Nouvelle France. 14. Sa description. 15. 16. 17. Chacun y plaide sa Cause, & les Procès y sont bien-tôt finis. 18

Quolibets. Les Sauvages en font entrer ordinairement dans leur Musique. 158

R.

Raquettes, Instrument de Chasse. 73

Rat (le) Grand Chef des Hurons. 117. Sa ruse 189. & suivant 205. 206. Ne comprend pas comment les hommes se puissent faire la guerre les uns aux autres. Son raisonnement là-dessus, Tome II. 174

Ratisson, va découvrir quelques Terres du Canada, Tome II. 14

Riviéres de l'Amérique courent assez droit. 176.

Riviéres ou Fleuve de S. Laurent. 6. 9. 10. 188. 210. 226. 241. Tome II. 7. 24. 51.

De

DES MATIERES

De Missisipi. 59. 114. 115. 136. 137. 146. 168. 173. 175. Tome II. 53. Du Fer. 62. Des Outaouas. 68. 187. 188. Des Tsonontouans. 96. Tome II. 23. 85. Des Ousaouas, Tome II. 23. De S. Jean, Tome II. 25. De Saguinan. 113. De Theonontaté. 123. De Condé. 123. Lougue. 136. 144. 146. 167. 173. 176. Tome II. 93. Des Puants. 143. 145. D'Ouisconsinc. 145. 146. Des Missouris. 170. Tome II. 5. 145. Des Osages. 172. Des Ilinois. 175. 176. Des Oumamis. 179. Creuse. 186. 188. Du Lievre. 187. Des François. 188. Du Saguenai. 211. 216. Du Saquinack, Tome II. 19. Des Onnontagues, Tome II. 23. 85. De la Famine, Tome II. 23. De Ganaraské, Tome II. 23. De Theonontaté, Tome II. 23.

S.

Sale (Mr. de la) Revient d'une découverte 7. Utile par ses bons conseils. 33. Avoir negligé le Fort de Frontenac. 41. Doit aller à la découverte de l'embouchure du Missisipi 59. Voyez aussi pour ce nom les P. 95. 114. 174. 177. 180.

Sauteurs, Peuples du Canada, ainsi nommez. 121.

Sauts de S. Loüis, des Cedres, du Buisson. 40. De Niagara 106. De Sainte Marie. 121. Du Kakalin. 143. Le Long. 187

Sauvages tout à fait nuds. 65. Civilisez. 150. 162 Adorent le Soleil, la Lune & les Etoiles. *ibid.* Leurs Habits, Logemens, Complexion, &c. Tome II. 90. Leurs Mœurs

TABLE

Mœurs & Maniéres, Tome II. 97. Ont la mémoire fort heureuse, Tome II. 109. Leur Croyance, Tome II. 112. Leurs Maladies & Remédes, Tome II. 144. & *suiv.* Dès qu'un *Sauvage* est mort, on l'habille le plus proprement qu'il est possible, Tome II. 151. Leur Chasse, Tome II. 155. Leur Guerre, Tome II. 174. De leurs Armoiries, Tome II. 189. De leurs Hierogliphes, Tome II. 191. Diverses Nations & Langues des Sauvages, Tome II. 36. & *suiv.*

Scorbut. Voyez l'explication des Termes de Marine. Des Soldats en meurent. 3

Second. C'est la Coûtume chez les Sauvages d'employer un Second pour soi en toutes les Cérémonies qui se font parmi eux. 139

Seguelai. (Mr. de) 89. Sa mort. 218

Services mal récompensez. 223. 224.

Sodomie. Les Ilinois y ont du penchant aussi-bien que les autres Sauvages qui habitent aux environs du Fleuve de Missisipi, Tome II. 142

Sorel. Côte de quatre lieuës de front. 24

T.

Tabac. Les Sauvages n'en prennent ni en poudre, ni en machicatoire, Tome II. 155.

Tadoussac. 6
Tonti. (Mr. de) 177
Traci. (Mr. de) Gouveur Général. 31
Traineaux de Quebec, est la voiture dont on s'y

DES MATIERES.

s'y fett pendant l'Hiver. 18

Trois Rivières. Nom d'une Ville à 30. lieuës de Quebec. 22. 23

Troyes. (Mr. de) Officier. 101

Truittes faumonées, on en prend jusqu'à cent d'un coup de filet. 46

V.

Valliers, (l'Abbé de S.) Aumonier à l'Evêché de Quebec. 134. 200

Valrenes, (Mr. de) Commandant du Fort de Frontenac. 195. 229.

Vaudreüil, (Mr. le Chevalier de) Vient de France en Canada pour y commander les Troupes. 90. Il retire l'Aureur d'un grand danger. 188. Il bat un Parti d'Iroquois. 237.

Verafan, (Jean) Fut le premier qui découvrit le Canada, Tome II. 7

Villages d'alentour de Quebec. 21. *Villages* foixante lieuës de longueur. 25. Autres Villages. 93. 101. 139. 143. 148. 149. 150. 157. 170.

Voitures de Canada, font des Canots d'écorce de Bouleau. 34

W.

William Phips, Commandant Anglois. 211

Fin de la Table des Matières.

...ont point fixes. 77.
...sans barbe. 93
...made. 96.

...filles aux domestiques...

www.ingramcontent.com/pod-product-compliance
Lightning Source LLC
Chambersburg PA
CBHW070636170426
43200CB00010B/2040